BLV Garten- und Blumenpraxis

Walter Kolb/Tassilo Schwarz

Hecken

für jeden Garten

Schnitt-, Wild-, Frucht-, und Blütenhecken

BLV Verlagsgesellschaft
München Wien Zürich

CIP-Kurztitelaufnahme der Deutschen Bibliothek

Kolb, Walter:
Hecken für jeden Garten: Schnitt-, Wild-, Frucht-
u. Blütenhecken / Walter Kolb; Tassilo Schwarz. –
München; Wien; Zürich: BLV Verlagsgesellschaft, 1986.
(BLV Garten- und Blumenpraxis; 333)
ISBN 3-405-13225-8

NE: Schwarz, Tassilo:; GT

Bildnachweis

Apel: 8, 48, 49, 85, 91, 103, 115
Burda: 102 o
Felbinger: 6, 21 r, 36, 43, 51, 72 ol, 74, 90, 119, 124
Jesse: 20 l
Kolb/Schwarz: 7, 23, 31, 35, 50 o, 54, 73, 75, 84, 86, 88, 98, 99, 101, 102 u, 104, 121, 122
Sammer: 10, 21 l, 26, 58 o, 72 or, 89, 120, 123
Seibold: 58 u, 72 u, 92
Seidl: 13, 20 r, 34, 40, 42, 44, 45, 50 u, 93, 100
Stehling: 2, 11, 25, 27, 44 o, 59, 114

Grafiken: Helga Zott
Titelfoto: Apel

BLV Garten- und Blumenpraxis 333

Gesamtherstellung: R. Oldenbourg, München

Printed in Germany · ISBN 3-405-13225-8

Inhalt

Einführung

Von jeher gehört die Hecke zum Garten und zur Landschaft. Seitdem der Mensch den Boden kultiviert, hat er das Bedürfnis, seine Felder, den Hofraum und den Garten abzugrenzen. Schon der Name Hecke geht im Wortstamm auf die Bezeichnung »Hag« zurück, was soviel wie lebende Einfriedung bedeutet. Der Wunsch des Menschen nach Geborgenheit wird hier deutlich. War früher die Hecke vorwiegend als Schutz gegen die nicht bewirtschaftete Naturlandschaft vorgesehen, so gilt diese Schutzwirkung heute zwar auch noch gegen ungünstige, natürliche Beeinflussung, z. B. Wind; zunehmend sollen mit ihr in der heutigen Zeit die Freiräume gegen die Auswirkungen der Zivilisation geschützt werden.

In der Landschaft zählt die freiwachsende Hecke zu den wichtigsten Strukturelementen. Ohne Hecken ist die Gestaltung von Gärten und Grünflächen kaum denkbar. Es lassen sich mit Hecken sowohl große als auch kleine Grünräume gestalten. Eine sonnige Terrasse wird erst durch den Windschutz einer Hecke wohnlich. Der Boden des Gemüsegartens hinter einer Hecke bleibt ohne Erosion erhalten und muß weniger bewässert werden. Mülltonnen oder Autostellplätze können hinter Hecken versteckt werden und sind gleichzeitig gut beschattet, Gartenräume werden überschaulich und nutzbar durch sinnvoll angelegte Hecken. Im Vorgarten kann sie Hunde abhalten und Abgrenzungen deutlich machen. Hecken sind auch in der Lage, einen Teil des Straßenlärms vom Garten abzuhalten und Staub aus der Luft zu filtern. Der Igel und andere geschützte Tiere finden hier ihre Nahrung, und für viele junge Vögel ist die Hecke die Kinderstube. Daneben erfreut sie uns mit vielfältigem Laubwerk, bunten Farben von Blüten, Blättern und Zweigen; sogar Früchte können wir ernten.

Man sieht, die Hecke ist eine schöne und nützliche Sache. Damit Sie auch Ihre Freude daran haben, wurden in diesem Büchlein Empfehlungen und Hinweise zur Gestaltung, Pflanzung und Pflege zusammengetragen.

Dieser Landschaftsraum erhält sein unverwechselbares Gesicht vorwiegend durch heckenartige Strukturen.

Hecken für landschaftsorientierte Gärten

Aufbau und Funktion

Am Rande von Siedlungen kommt der landschaftlichen Einbindung der Häuser und Gärten eine besondere Bedeutung zu. Die Grenzen zwischen dem Siedlungsbereich, in dem die baulichen Elemente meist überwiegen, und der Landschaft, in der auch bei intensiver Nutzung noch naturnahe Elemente dominieren, verlangt eine besonders einfühlsame Gestaltung. Der Wohnwert von Grundstücken, die sich am Rande bebauter Gebiete befinden, ist vor allem durch die Öffnung und Einbeziehung der anschließenden Landschaft in die Wohn- und Gartenräume gekennzeichnet. In diesem Zusammenhang wäre anzustreben, solche Anbindungen zu erhalten und zu fördern. Hier könnten heckenartige Pflanzungen teilweise trennend wirken. Für die Gesamtsituation einer Siedlung ist allerdings auch ein harmonischer Übergang der Bebauung in die Landschaft von Bedeutung. Bäume und Sträucher mildern die oft harten Konturen der Bauwerke und sind so auch in der Lage, manches weniger gelungene Haus für das Siedlungsbild akzeptabel werden zu lassen.
Aus Gründen des Sicht- und Windschutzes und um dem Bedürfnis nach Abgeschlossenheit entgegenzukommen, bietet sich eine Bepflanzung an, die sowohl durch die

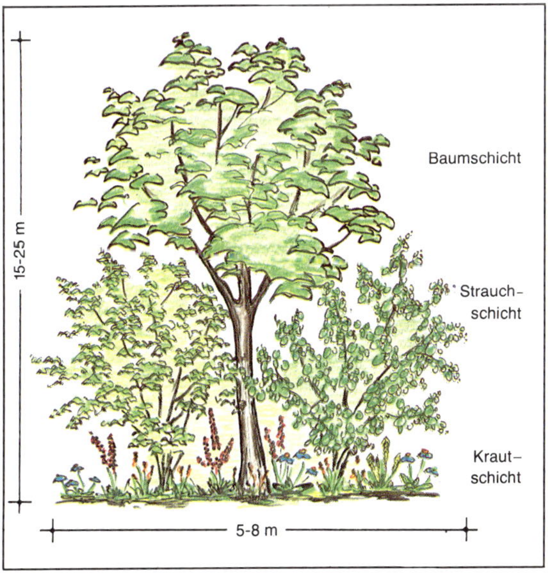

Der Aufbau mehrschichtiger Hecken aus Bäumen, Sträuchern und Kräutern entspricht dem Leitbild naturnaher Wälder. Zwei Waldränder zusammen ergeben einen solchen »Heckenwald«.

Links: Spitzahorn

Bei diesem Garten wurde die Landschaft geschickt in die Gestaltung miteinbezogen. Die der Landschaft zugewandte Seite der Hecke besteht vorwiegend aus heimischen Gehölzen.

Verwendung von Bäumen großräumig wirksam wird als auch durch die Anpflanzung von Sträuchern mit geringerer Wuchshöhe, die Aussicht auf die Landschaft offen läßt. Reich gegliederte Feldhecken erfüllen diese Forderung, wobei bodenständige Gehölze langfristig den geringsten Pflegeaufwand verursachen. Solche Pflanzungen können in ihrer Höhe sehr unterschiedlich konzipiert werden. Dadurch wird der Garten selbst räumlich gegliedert und zur Landschaft hin geöffnet. Außerdem bezieht eine solche Hecke mit verschiedenen Pflanzenhöhen die Gärten mit in die Landschaft ein. Solche Pflanzengemeinschaften bestehen aus:

– der Baumschicht
– der Strauchschicht
– der Krautschicht.

Naturnahe Wälder weisen eine ähnliche dreischichtige Struktur auf. Tatsächlich könnte man sagen, diese Hecken sind ein kleiner Wald auf engstem Raum – praktisch zwei Waldränder (vergl. Schema 1) zusammen. Diese Formation besticht durch ihre Vielfalt und Reichgliedrigkeit und ist deshalb besonders leistungsfähig. Ein Grund mehr, diese Hecken soweit dies aus Platzgründen möglich ist, in Gärten anzupflanzen. Natürlich wird man sich vor allem auf kleinen Grundstücken einen solchen »Heckenwald« nicht immer leisten können. Neben einer Breite von 5–8 m ist vor allem auch die spätere Höhe der Bäume zu berücksichtigen. Die Beschattung des eigenen Grundstückes oder der angrenzenden Flächen durch die Heckenanpflanzung ist zu überprüfen.

Ebereschen im Spätsommer ▷

Naturhecken

Gesetzliche Regelungen
Es sind außerdem gesetzlich geregelte Grenzabstände einzuhalten, um spätere unliebsame Auseinandersetzungen mit den Nachbarn zu vermeiden (vergl. Tabelle 1, S. 12). Die Angaben der Tabelle 1 stellen einen unvollständigen Auszug des Nachbarrechtes in der Bundesrepublik Deutschland dar. Da die Daten in den verschiedenen Ländern im Rahmen der Gesetzgebung Änderungen unterworfen sind, muß sich der Gartenbesitzer im Zweifelsfall bei den zuständigen Behörden (Kreisverwaltungsbehörden, Bauämtern o. ä.) vor Durchführung der Pflanzung informieren.

Tabelle 1 Gesetzliche Grenzabstände für Bäume und Sträucher in der Bundesrepublik Deutschland (Übersicht)

Pflanzenart	Grenzabstand gemäß Nachbarrecht in cm				
	Bayern	Baden-Württemberg	Hessen	Nordrhein-Westfalen	Rheinland-Pfalz
Bäume, nicht stark wachsend	200	200	200	200	150
Zier- und Blütensträucher, stark wachsend, bis oder um 2 m hoch	50	2–4 m hoch 200	100	100	100
Zier- und Blütensträucher, schwach wachsend, 1 bis 2 m hoch	50	100	50	50	50
Hecken über 2 m	200	Höhe der Hecke minus 100	75	100	75
Hecken bis 2 m	50	100	50	50	75
Hecken bis 1,5 m	50	50	50	50	50
Hecken bis 1,2 m	50	50	25	50	50
Hecken bis 1 m	50	50	25	50	25

Weißdorn bietet nicht nur schöne Blüten, sondern auch Schutz und Nahrung für Vögel.

Pflanzenauswahl

Die Auswahl geeigneter Pflanzenarten für den jeweiligen Verwendungszweck gehört zu den schwierigsten Aufgaben des Gärtners. Bei der Konzeption von Hecken, insbesondere von mehrschichtig aufgebauten Pflanzungen aus Bäumen, Sträuchern und Kräutern ist dies nicht anders, sind dabei doch viele Dinge zu berücksichtigen. Vor allem kommt es darauf an, die voraussichtliche Wuchsentwicklung einer Pflanze abzuschätzen. Es stellen sich z. B. die Fragen, ob sie baumartig wird oder ein kleiner Strauch, ob sie langsam wächst oder schnell. Nach diesen Vorgaben kann man der Hecke die richtige spätere Raumgröße zuordnen, die sie zum Wachsen und Gedeihen benötigt. Darüber hinaus muß man wissen, welche Anforderungen von den Pflanzenarten an den Standort gestellt werden. Zwar gibt es einige, die fast überall wachsen, die meisten stellen jedoch an den Boden und an den Lichtgenuß sehr spezifische Ansprüche, die zu beachten sind. Auch Blütezeit, Fruchtbildung, Herbstfärbung und andere spezielle Eigenschaften sollten bekannt sein, um erfolgreich Pflanzen miteinander zu vergemeinschaften, so daß sie gut gedeihen und der Gartenbesitzer möglichst viel Freude an seiner Hecke hat.

Für landschaftsorientierte, mehrschichtig aufgebaute Hecken finden Sie eine Auswahl der geeigneten heimischen Gehölze einschließlich der wichtigsten Angaben, die für die Vergemeinschaftung wissenswert sind, in der Tabelle 2 (S. 14).

Tabelle 2 Ansprüche und Eigenschaften geeigneter Pflanzen für landschaftsorientierte Hecken

Pflanzenart Deutscher Name	Botanischer Name	Wuchshöhe in m	Blütezeit	Blütenfarbe
Feldahorn	*Acer campestre*	10–15	IV–V	gelb
Spitzahorn	*Acer platanoides*	20–30	IV–V	gelb
Bergahorn	*Acer pseudo-platanus*	30–40	V–VI	gelb
Dreilappahorn	*Acer monspessulanum*	8–12	V–VI	gelb
Roßkastanie	*Aesculus hippocastanum*	20–30	V	weiß
Schwarzerle	*Alnus glutinosa*	15–20	III	rotbraun
Grauerle	*Alnus incana*	15–20	III	rotbraun
Gewöhnliche Felsenbirne	*Amelanchier ovalis*	1–2	IV–V	weiß
Gewöhnlicher Sauerdorn	*Berberis vulgaris*	1–2	V	gelb
Sandbirke	*Betula pendula*	15–25	IV–V	grünlich
Hainbuche	*Carpinus betulus*	20–30	V–VI	grünlich
Alpenwaldrebe	*Clematis alpina*	3–4	V–VI	blau
Bergwaldrebe	*Clematis montana*	5–8	V	weiß
Waldrebe	*Clematis vitalba*	5–10	V–VI	weiß
Kornelkirsche	*Cornus mas*	3–5	III–IV	gelb
Roter Hartriegel	*Cornus sanguinea*	3–4	V	weiß
Haselnuß	*Corylus avellana*	3–5	II–III	gelb
Zwergmispel	*Cotoneaster integerrimus*	1–1,5	V–VI	weiß
Eingriffeliger Weißdorn	*Crataegus monogyna*	4–6	V–VI	weiß

Stand: ○ = volle Sonne, ◑ = Halbschatten, ● = Schatten

Stand	Bevorzugte Bodenart	Bemerkungen
○–●	mittel bis schwer	gelbe Herbstfärbung
○–◑	mittel bis schwer	Bienenweide, blüht vor Laubaustrieb
○–◑	mittel bis schwer	Bienenweide, blüht nach Laubaustrieb, gute Herbstfärbung
○	leicht bis mittel	sehr dichter Wuchs, gelbe Herbstfärbung
○–◑	mittel bis schwer	kaum Unterpflanzung möglich
○–◑	mittel bis schwer	Pioniergehölz für frische Standorte
○–◑	leicht bis schwer	Pioniergehölz für trockene Standorte
○	leicht bis mittel	eßbare Beeren, Ausläufer
○–◑	leicht bis mittel	eßbare Beeren, alte Heilpflanze
○	leicht bis mittel	Pioniergehölz für sandige Böden, gelbe Herbstfärbung
○–●	mittel bis schwer	sehr dichter Wuchs, gelbe Herbstfärbung
◑	mittel bis schwer	zur Berankung großer Sträucher geeignet
◑	mittel bis schwer	zur Berankung von Bäumen geeignet, Blüten leicht duftend
◑	leicht bis schwer	nur zur Berankung von großen Bäumen, kalkliebend, Blüten leicht duftend
○–◑	leicht bis mittel	Früchte eßbar, langsamer Wuchs
○–●	leicht bis schwer	rötliche Rinde, anspruchslos an Boden und Standort, rote Herbstfärbung
○–●	leicht bis schwer	Bienenweide
○	leicht bis mittel	hochrote Beeren
○–◑	leicht bis schwer	roter Beerenschmuck, Vogelschutzgehölz, Blüte unangenehm riechend

Naturhecken

Zweigriffeliger Weißdorn	*Crataegus laevigata*	2–5	V–VI	weiß bis rosa
Schwarzer Ginster	*Cytisus nigricans*	1–2	VI–VII	gelb
Purpurginster	*Cytisus purpureus*	0,5–1	VI–VII	purpurrot
Regensburger Ginster	*Cytisus ratisbonensis*	1–1,5	V–VI	gelbbraun
Besenginster	*Cytisus scoparius*	1–2	V–VI	goldgelb
Seidelbast	*Daphne mezereum*	bis 1	III–IV	lila
Pfaffenhütchen	*Euonymus europaeus*	3–5	V–VI	gelblich-grün
Buche	*Fagus silvatica*	20–30	V	gelblich
Esche	*Fraxinus exclesior*	30–40	IV–V	gelblich
Färberginster	*Genista tinctoria*	bis 1	VI–VIII	gelb
Sanddorn	*Hippophaë rhamnoides*	4–6	III–IV	gelblich-braun
Nußbaum	*Juglans regia*	20–30	IV–V	gelblich
Alpengoldregen	*Laburnum alpinum*	3–6	V–VI	gelb
Gewöhnlicher Goldregen	*Laburnum anagyroides*	5–6	V–VI	gelb
Liguster, Rainweide	*Ligustrum vulgare*	3–5	VI–VII	weiß
Schlingendes Geißblatt	*Lonicera caprifolium*	3–5	V–VI	gelblich weiß
Blaue Heckenkirsche	*Lonicera caerulea*	1–2	IV–V	gelblich weiß
Waldgeißblatt	*Lonicera periclymenum*	3–4	V–VI	gelblich weiß
Rote Heckenkirsche	*Lonicera xylosteum*	2–3	V–VI	gelblich weiß
Wildapfel	*Malus sylvestris*	6–8	IV–V	weiß bis rosa

○–◑	leicht bis schwer	roter Beerenschmuck, Vogelschutzgehölz, Blüte unangenehm riechend
○	leicht bis mittel	auffälliger Blütenschmuck
○	leicht bis mittel	auffälliger Blütenschmuck, für warme Standorte
○	leicht bis mittel	auffälliger Blütenschmuck, für warme Standorte
○	leicht bis mittel	kalkfreier Standort, alle Ginsterarten sind leicht giftig
◑–●	mittel bis schwer	stark giftige, rote Beeren
◑–●	leicht bis schwer	giftige, rote Früchte, gute Herbstfärbung
◑–●	mittel bis schwer	gelbbraune Herbstfärbung, eßbare Früchte
○–◑	mittel bis schwer	für frische bis feuchte, tiefgründige Böden
○	leicht bis mittel	häufig Blattlausbefall, nicht alterungsfähig, jedoch Selbstaussaat
○	leicht bis mittel	eßbarer Beerenschmuck, starke Ausläufer
○	leicht bis schwer	nicht für spätfrostgefährdete Lagen, lieben nahrhaften, tiefgründigen Boden
○–◑	mittel bis schwer	giftig, duftende Blüten
○–◑	leicht bis schwer	giftig, nicht duftende Blüten
○–●	leicht bis schwer	schwarze Früchte, giftig, in geschützten Lagen wintergrün
◑–●	mittel bis schwer	rote Beeren, giftig, Schlinger für kleine Bäume
◑–●	mittel bis schwer	schwarzblaue Früchte, giftig, rotbraune Rinde, früher Austrieb
◑–●	mittel bis schwer	rote Beeren, giftig, Schlinger für kleine Bäume und Großsträucher
◑–●	leicht bis schwer	rote Beeren, giftig, früher Austrieb, gern auf trockenen Standorten
○	leicht bis schwer	verwertbare Früchte, Vogelschutzgehölz, dornähnliche Kurztriebe

Naturhecken

Espe, Zitterpappel	*Populus tremula*	20–30	III–IV	braun
Vogel-Kirsche	*Prunus avium*	20–25	IV–V	weiß
Gemeine Pflaume	*Prunus domestica*	6–8	IV	weiß
Steinweichsel	*Prunus mahaleb*	5–7	V	weiß
Traubenkirsche	*Prunus padus*	10–15	IV–V	weiß
Schlehe, Schwarzdorn	*Prunus spinosa*	2–4	IV–V	weiß
Birnbaum	*Pyrus communis*	10–15	IV–V	weiß
Traubeneiche	*Quercus petraea*	30–40	V–VI	gelblich
Stieleiche	*Quercus robur*	20–30	V–VI	gelblich
Kreuzdorn	*Rhamnus catharticus*	6–8	V–VI	gelblich-grün
Gewöhnlicher Faulbaum	*Rhamnus frangula*	bis 5	V–VI	gelblich
Alpenjohannis-beere	*Ribes alpinum*	1–2	IV–V	gelblich-grün
Feldrose	*Rosa arvensis*	1–2	VI–VII	rosa bis weiß
Hundsrose	*Rosa canina*	bis 3	VI–VII	rosa bis weiß
Bibernell-Rose	*Rosa pimpinellifolia*	bis 1	V–VI	weiß
Weinrose	*Rosa rubiginosa*	2–3	VI	hellrosa
Gewöhnliche Brombeere	*Rubus fruticosus*	2–3	VI–VII	weiß bis rosa
Silberweide	*Salix alba*	20–25	III	gelblich
Ohrweide	*Salix aurita*	3–4	IV	gelblich
Salweide	*Salix caprea*	8–10	III–IV	gelb
Reifweide	*Salix daphnoides*	8–12	III–IV	gelb

○–◑	leicht bis schwer	Pioniergehölz auch für trockene Standorte, ausläufertreibend
○	leicht bis mittel	eßbare Früchte, sehr raschwüchsiger Baum, starke Selbstaussaat, Wurzelbrut
○–◑	mittel bis schwer	eßbare Früchte, Wurzelbrut
○–◑	leicht bis mittel	breiter Wuchs, Blüten duftend, kleine, schwarze Früchte
◑–●	mittel bis schwer	Blüten duftend, Rinde faulig riechend
○	leicht bis schwer	eßbare Früchte, Vogelschutzgehölz, häufiger Befall von Gespinnstmotte, Ausläufer!
○	leicht bis schwer	eßbare, orange-gelbe Früchte, Herbstfärbung
○	mittel bis schwer	langsamer Wuchs, gerader, schäftiger Stamm
○	mittel bis schwer	langsamer Wuchs, stark ästiger, unregelmäßiger Baum
○–◑	leicht bis mittel	schwarze Beeren, giftig, Vogelschutzgehölz, Wirtspflanze des Getreiderostes!
○–◑	mittel bis schwer	schwarze Beeren, giftig, gelbe Herbstfärbung, für frische Standorte
◑–●	mittel bis schwer	besonders zur Unterpflanzung geeignet
○–◑	leicht bis mittel	Blüten ohne Duft, große Einzelblüten, kriechender Wuchs, Vogelschutzgehölz
○–◑	leicht bis schwer	duftende Blüten, Vogelschutzgehölz, zierende Hagebutten
○–◑	leicht bis mittel	schwarz-braune Hagebutten, stark ausläufertreibend
○–◑	leicht bis mittel	Blätter nach Apfel duftend, scharlachrote Hagebutten, Vogelschutzgehölz
○–●	leicht bis schwer	eßbare Früchte, Vogelschutzgehölz, bei Pflanzung auf Herkünfte achten!
○	mittel bis schwer	schnellwüchsiger Baum für feuchte Standorte
○–◑	leicht bis schwer	breitlagernder Wuchs, für feuchte Standorte
○	leicht bis schwer	sehr wichtige Bienenweide, für trockene Standorte geeignet
○	mittel bis schwer	Bienenweide, Zweige bläulich-weiß bereift

Naturhecken

Purpurweide	*Salix purpurea*	3–5	IV–V	gelb
Schwarzer Holunder	*Sambucus nigra*	4–6	VI–VII	weiß
Traubenholunder	*Sambucus racemosa*	2–3	IV–V	gelblich-grün
Mehlbeerbaum	*Sorbus aria*	6–12	V	weiß
Vogelbeerbaum	*Sorbus aucuparia*	10–15	V	weiß
Speierling	*Sorbus domestica*	15–20	V–VI	weiß
Elsbeere	*Sorbus torminalis*	10–15	V–VI	weiß
Winterlinde	*Tilia cordata*	25–30	VI	gelblich weiß
Sommerlinde	*Tilia platyphyllos*	30–40	VI	gelb
Wolliger Schneeball	*Viburnum lantana*	3–5	V–VI	weiß
Gewöhnlicher Schneeball	*Viburnum opulus*	2–4	V–VI	weiß

Kornelkirsche

Eberesche

○	mittel bis schwer	Bienenweide, für frische Standorte
○–●	leicht bis schwer	eßbare, schwarze Beeren, duftende Blüten
○–●	leicht bis schwer	eßbare, rote Beeren, sehr früher Austrieb
○–◑	leicht bis mittel	eßbare, rote Beeren, weißfilziger Austrieb
○–◑	leicht bis schwer	eßbare, rote Beeren, orangefarbene Herbstfärbung, raschwüchsig
○–◑	leicht bis schwer	eßbare, gelblich-grüne Früchte
○–◑	leicht bis schwer	braune, hellpunktierte Beeren, rote Herbstfärbung
○–◑	mittel bis schwer	Bienennährpflanze, stark duftende Blüten
○	mittel bis schwer	Bienennährpflanze, stark duftende Blüten
○–●	leicht bis schwer	giftige, rot-schwarze Beeren, für warme, trockene Stellen, kalkliebend
○–●	mittel bis schwer	giftige, hochrote Beeren, häufig Blattlausbefall, für frische bis feuchte Böden

Schwarzer Holunder

Pfaffenhütchen

Naturhecken

Bodenvorbereitung
Die meisten Pflanzenarten der Tabelle 2 sind anspruchslos. Das liegt schon daran, daß sie meist wild vorkommen und sich mit der natürlichen Leistungsfähigkeit des Bodens begnügen. Selbstverständlich sind individuelle Unterschiede vorhanden. Wichtig ist, daß vor allem bei schweren, bindigen Böden der Untergrund gelockert wird. Dies geschieht bei neuanzulegenden Gärten am besten mit einer geeigneten Maschine (Aufreißer, Tiefpflug) vor dem Andecken des Oberbodens.
Selbstverständlich ist die Lockerung von Hand, z. B. mit der Spitzhacke oder dem Spaten, möglich.
Eine Lockerungstiefe von etwa 20–40 cm ist sinnvoll, so daß nach dem Oberbodenauftrag von 20 bis 30 cm ein gelockerter Wurzelraum von 40–70 cm vorhanden ist. Der angedeckte Oberboden ist mit einer Fräse oder mit dem Spaten zu lokkern. Auf die Zugabe von Torf und Dünger kann zumeist verzichtet werden.
Bei der Fülle der zur Verfügung stehenden Arten ist praktisch für jeden Boden eine passende Zusammenstellung standortgerechter Stauden und Gehölze möglich.
Eine starke Düngung wirkt sich unter Umständen sogar negativ aus, da hierbei nährstoffliebende Ackerunkräuter gefördert werden; für die erforderliche Beseitigung sind dann wieder zusätzliche Pflegeaufwendungen zu betreiben.

Pflanzgröße und Pflanzabstand
Baumartig wachsende Gehölze sollten als sogenannte Heister oder als Stammbüsche gepflanzt werden.
Heister sind mehrmals verpflanzte Gehölze, die noch keine Krone, aber schon Seitenzweige besitzen und gut bewurzelt sind. Stammbüsche sind mindestens 2,5 m hoch, mindestens 2mal verpflanzt und besitzen eine besonders volle Zweiggarnierung. Dies sind in Baumschulen erhältliche Qualitäten, welche einen weitgehend natürlichen Wuchs aufweisen.
Wenn ohne Rückschnitt gepflanzt werden soll, sind Heister und Stammbüsche mit Ballen zu pflanzen. Setzt man Bäumchen, deren Wurzeln nicht in geschlossenen Ballen gewachsen sind, muß meistens ein Rückschnitt bei der Pflanzung erfolgen. Für die Fälle, bei denen möglichst bald nach der Pflanzung bereits eine wirksame Hecke erreicht werden soll, könnten auch Solitärpflanzen verwendet werden.
Diese sind besonders voll garniert, d. h. sie sind schon größer und reicher mit Ästen und Zweigen besetzt, besitzen im Regelfall einen Erdballen und kosten etwas mehr.
Bei den Baumartigen sollte der Abstand ca. 6–10 m betragen.
Strauchartig wachsende Gehölze werden meist als Sträucher mit Ballen oder Solitärs mit Ballen gehandelt. Sträucher ohne Ballen sollten fast ausnahmslos bei der Pflanzung etwa um ein Drittel bis zur Hälfte zu-

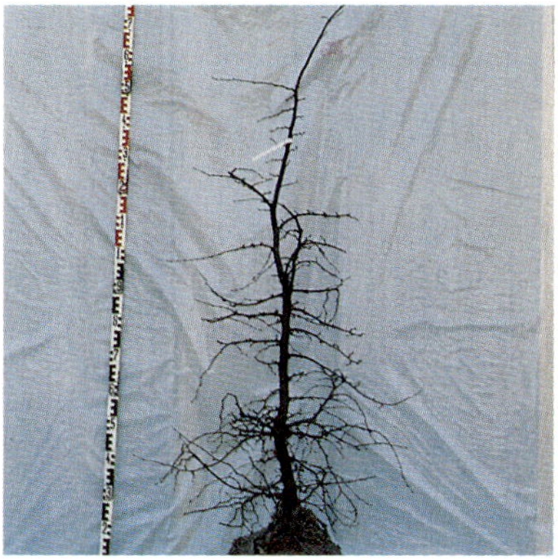

Links oben: Heckenpflanze der Hainbuche; die dichte Verzweigung wird durch Schnittmaßnahmen in der Baumschule erreicht.

Rechts oben: Bei Heckenpflanzen mit Ballen sind nur geringe Schnittkorrekturen durch Einkürzen zu langer Triebe notwendig.

Links Mitte: Vorbildlich verzweigter Strauch ohne Ballen, vor dem Rückschnitt.

Rechts Mitte: Derselbe Strauch pflanzfertig geschnitten.

Rechts unten: Gehölze im Container wie hier die Rainweide, lassen sich ganzjährig problemlos pflanzen.

rückgeschnitten werden. Ballenpflanzen müssen nicht geschnitten werden. Es sei denn, daß verletzte Triebe oder sonstige Verletzungen vorhanden sind.
Der Pflanzabstand bei Sträuchern muß der Wuchskraft der jeweiligen Art angepaßt werden. Durchschnittlich kann man mit einem Pflanzabstand von 1,5–2 m rechnen. Nähere Angaben zu den verschiedenen Pflanzenarten enthält die Tabelle 2 (S. 14).

Pflanzung
Die Pflanzgruben sollten ca. 1,5- bis 2mal so groß sein wie das Wurzelwerk oder der Ballen. Das Ballenleinen muß zumindest am Wurzelhals geöffnet werden. Außer bei nicht verrottbaren Kunststoffleinen kann das Ballentuch verbleiben, weil unter Umständen bei der vollständigen Entfernung der Ballen zerfällt.
Alle größeren Pflanzen müssen durch Verankerung mit Holzpfählen gesichert werden, damit die sich bildenden Faserwurzeln nicht durch Windeinwirkung losgerissen werden. Bewährt hat sich das Anbinden mit Kokosstricken, die eine solide Befestigung gewährleisten. Bei Pflanzen mit Ballen ist schräg zu pfählen, damit der Pfahl nicht durch den Wurzelballen geschlagen werden muß. Beim Pflanzvorgang ist gründlich mit ca. 30–40 Liter/m^2 zu wässern, dabei werden die im Wurzelbereich verbliebenen Hohlräume des Bodens eingeschlämmt.

Pflege
Im Verlauf der ersten Vegetationsperiode nach dem Pflanzen muß bei Trockenheit gelegentlich gewässert werden. Im übrigen ist in den ersten beiden Vegetationsperioden der Aufwuchs von Ackerunkräutern zu entfernen, der ja mit den jungen Bäumen und Sträuchern um Wasser und Nährstoffe konkurriert. Als günstig hat es sich herausgestellt, solche Flächen mit Rinde, Stroh oder ähnlichen Stoffen ca. 5 cm dick anzudecken. Dadurch wird unerwünschtes Unkraut zurückgedrängt und das Bodenwasser erhalten. Im Verlauf der weiteren Entwicklung der Pflanzung sollten vor allem solche Gehölze herausgenommen werden, die nur als raschwüchsige Pioniere auf schlechten Standorten für eine ausreichende Anfangsentwicklung sorgen sollen. Dazu zählen insbesondere Arten wie Weide, Pappeln und Erle. Diese Gehölze wirken nach einigen Jahren stark verdrängend auf die Pflanzen in ihrer Nachbarschaft. Sie sind deshalb nach ca. 3–5 Jahren zu entfernen, um den eigentlich gewünschten Gehölzarten ausreichend Platz zur Entwicklung zu lassen. Auf durchschnittlichen und guten Standorten kann auf solche Pioniergehölze verzichtet werden.

Pflanzbeispiele
Alle Pflanzbeispiele sind als maßstabsgetreue Grundriß-Pflanzpläne in diesem Büchlein enthalten. Unter

Feldhecke ▷

Diese wuchtige Feldhecke entspricht etwa dem Vorschlag auf Pflanzplan 1.

Verwendung der graphischen Maßstableiste können für jede Pflanze die Pflanzabstände ermittelt werden. Dies gibt Ihnen die Möglichkeit, die Pflanzung mühelos vom Plan auf die tatsächliche Pflanzfläche im Garten zu übertragen.

Feldhecke für große Gärten

Nachfolgend werden exemplarisch einige Pflanzengemeinschaften vorgestellt, die sich für die Schaffung von ungeschnittenen Hecken für Grundstücke eignen, die landschaftsorientiert gestaltet werden sollen. Diese Beispiele müssen selbstverständlich im Einzelfall unter Berücksichtigung der örtlichen Situation variiert und angepaßt werden. Sie sind als Hinweise für eine sinnvolle Vergemeinschaftung verschiedener Gehölzarten gedacht, ohne die Experimentierfreude des Gartenfreundes einengen zu wollen. In vielen Fällen können diese Pflanzvorschläge auch unverändert übernommen werden. Vor allem Gartenfreunde, die bisher weniger Erfahrung im Umgang mit Pflanzen haben, sollten sich enger an solche Vorgaben halten.
Der Pflanzplan 1 (S. 28) enthält einen Vorschlag zur Pflanzung einer landschaftsorientierten Hecke mit ausschließlich heimischen Gehölzen, die sich für normale Gartenböden und für kräftige Lehmböden eignen. Angenommen ist dabei eine Heckenlänge von 25 m und eine Breite von 5 m. Die Hecke wird ausgesprochen dicht und erfüllt auch Zwecke des Lärmschutzes, besonders, wenn zusätzlich ein entsprechender Erdwall aufgeschüttet wird. Hainbuche, Feldahorn und Liguster geben dieser Gemeinschaft eine sehr dichte Struktur mit massivem Sichtschutz. Die wintergrüne Auslese der heimischen Rainweide als wesentliche Gehölzart für die Unterpflanzung sorgt auch im Winter noch für genügend Blattwerk, um in der vegetationsfreien Zeit diese Funktion zu gewährleisten.

Gartenseite einer Wildhecke im Herbst ▷

Naturhecken

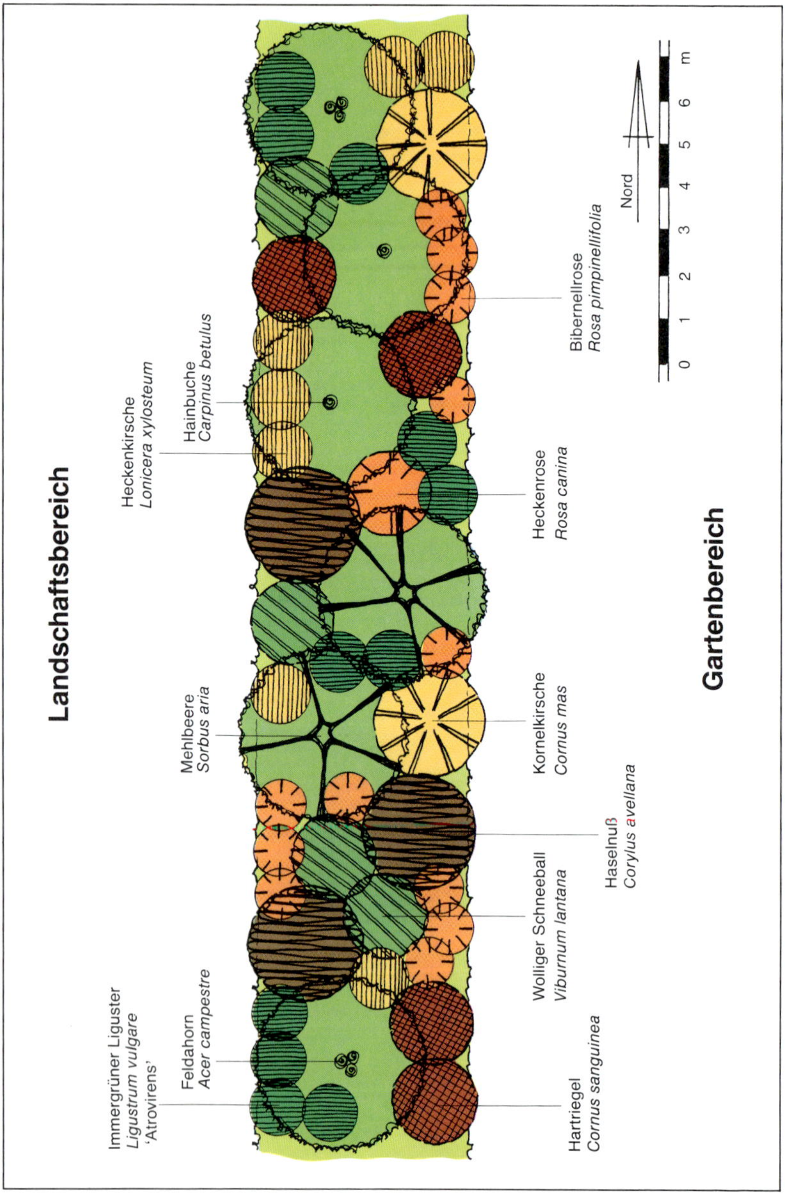

Tabelle 3 Pflanzenbedarf und Kosten – Feldhecke für große Gärten

Stück	Art	Qualität	Einzel-preis ca.	Gesamt-preis ca.
2	Feldahorn *Acer campestre*	Solitär 3 × verpflanzt mit Ballen 150–200 cm hoch	36,00	72,00
4	Bluthartriegel *Cornus sanguinea*	Sträucher 2 × verpflanzt 60–100 cm hoch	5,00	20,00
2	Mehlbeerbaum *Sorbus aria*	Heister 2 × verpflanzt mit Ballen 200–250 cm hoch	30,00	60,00
2	Hainbuche *Carpinus betulus*	Heister 2 × verpflanzt mit Ballen 225–250 cm hoch	43,00	86,00
3	Haselnuß *Corylus avellana*	Sträucher 2 × verpflanzt 60–100 cm hoch	7,00	21,00
11	Rainweide *Ligustrum vulgare* 'Atrovirens'	Sträucher 2 × verpflanzt 60–100 cm hoch	5,00	55,00
7	Heckenkirsche *Lonicera xylosteum*	Sträucher 2 × verpflanzt 80–125 cm hoch	5,00	35,00
11	Bibernellrose *Rosa pimpinellifolia*	Sträucher 2 × verpflanzt 60–100 cm hoch	5,00	55,00
3	Wolliger Schneeball *Viburnum lantana*	Sträucher 2 × verpflanzt 60–100 cm hoch	8,00	24,00
2	Kornelkirsche *Cornus mas*	Sträucher 2 × verpflanzt 80–100 cm hoch	14,00	28,00
1	Heckenrose *Rosa canina*	Strauch 2 × verpflanzt 80–100 cm hoch	5,00	5,00
			Gesamtpreis ca. DM	461,00

Naturhecken

Der Reiz der Pflanzung liegt vor allem in ihrer Naturhaftigkeit. Es dürfen deshalb auch keine übertriebenen Erwartungen an den Blütenreichtum gestellt werden. Trotzdem sind im Jahresablauf überraschende Blüten-, Blatt- und Fruchtwirkungen gegeben.
Im zeitigen Frühjahr bringen Haselnuß und Kornelkirsche die ersten Blüten, die bei dieser Pflanzung ruhig auch, in angemessenem Rahmen, für die Vase geschnitten werden können, sofern man sie nicht für die Bienen als erste Futterstelle belassen will. Das erste, frische Laub ziert die Heckenkirsche, und später folgen die rosa Blüten der Heckenrosen. Reichen Fruchtbehang bringt der Herbst bei Mehlbeere, Kornelkirsche, Heckenkirsche, Rainweide, Heckenrose und wolligem Schneeball. So ist auch für die Vögel im Winter der Tisch reich gedeckt. Leuchtend gelbe Herbstfärbung kann beim Feldahorn erwartet werden, und selbst im Winter zieren die roten Zweige des Bluthartriegels. Wer gerne eine »Wildnis« hat, kann auch zusätzlich in die Sträucher und Bäume Waldreben wuchern lassen, die teilweise ein mächtiges Netz ausbreiten und mit Blüten und lange haltenden Fruchtständen für Abwechslung sorgen.
Für eine flächige Unterpflanzung als Krautschicht eignen sich Immergrün *(Vinca minor)*, Steinsame *(Buglossoides purpurocaerulea)*, Farbnessel *(Lamium maculatum)*, Walderdbeere *(Fragaria vesca)*, Buschwindröschen *(Anemone nemorosa)* und Frühlingsblatterbse *(Lathyrus vernus)*. Auf die bewußte Ansiedlung einer Krautschicht kann auch verzichtet werden. Es stellen sich dann später von selbst geeignete Wildarten ein. Bei einer gezielten Bepflanzung (ca. 6–8 Stück/m^2) ist schon früher ein lebendiger Pflanzenteppich vorhanden, der auch das heruntergefallene Laub verträgt, sich je nachdem, wie sich die Gehölze entwickeln, verändern kann und dadurch immer wieder neue überraschende Eindrücke vor allem im Frühling vor dem Austrieb der Gehölze bewirkt.
Die Tabelle 3 (S. 29) enthält eine Aufstellung des erforderlichen Pflanzenmaterials einschließlich einer Schätzung der dafür anfallenden, ungefähren Kosten. Die Kosten beruhen auf den üblichen Listenpreisen namhafter Baumschulen und sind auf das Jahr 1985 bezogen. Sie können natürlich in Abhängigkeit von der Marktlage und der Zeit schwanken.
Die angegebenen Pflanzengrößen entsprechen üblichen Handelsqualitäten und sollten nicht wesentlich unterschritten werden. Wer es mit der Entwicklung seiner Pflanzung etwas eiliger hat, kann auch größere Pflanzen kaufen, z. B. Stammbüsche mit Ballen. Bei Sträuchern sind dann Solitärs mit Ballen zu verwenden – allerdings muß man dann schon tiefer in die Tasche greifen.

Feldhecke für kleinere Gärten

Der Pflanzenplan 2 (S. 32) beinhaltet einen Pflanzvorschlag, der ebenfalls ausschließlich aus heimischen Gehölzen besteht wie die Gemeinschaft auf Pflanzplan 1. Allerdings beträgt die Breite dieser Pflanzung hier nur ca. 2,5– 3 m. Sie dürfte deshalb auch für kleinere Gartengrundstücke realisierbar sein. Bei dieser Heckenbreite besteht auch sehr gut die Möglichkeit, Sichtschneisen in der Landschaft zu erhalten z. B. durch das Einkürzen der Triebe der Rainweide oder Heckenkirsche, die solche Eingriffe sehr gut tolerieren. Bei Liguster wäre auch die nur 1 m hoch wachsende Sorte *Ligustrum vulgare* 'Lodense' als Ersatz für die reine Art möglich, allerdings wächst diese nur sehr langsam.
Falls im Einzelfall die natürliche Wuchshöhe der Hainbuche von ca. 20 m nicht erwünscht ist, kann diese Art problemlos durch Herausnehmen des Mitteltriebes in ihrem Wuchs beschränkt werden. Alternativ dazu ist auch die Verwendung von höher wachsenden Sträuchern z. B. Weißdorn, Kreuzdorn oder Salweide angebracht.
Die Leistung dieser Pflanzung bezüglich Sichtschutz ist geringer einzustufen als die des Pflanzplanes 1. Ihre Naturhaftigkeit und Artenvielfalt leidet jedoch keinesfalls darunter. Vor allem dann nicht, wenn gleichzeitig eine Krautschichtunterpflanzung mit Wildarten wie Immergrün, Frühlingsblatterbse, Walderdbeere oder Steinsame erfolgt. Eine Aufstellung über Pflanzenbedarf und ungefähre Kosten enthält die Tabelle 4 (S. 33).

Der Bluthartriegel verfärbt sich bereits im Sommer leuchtend rot; hier zusammen mit Feldahorn.

Der Dreilappahorn eignet sich besonders für freiwachsende, dichte Hecken.

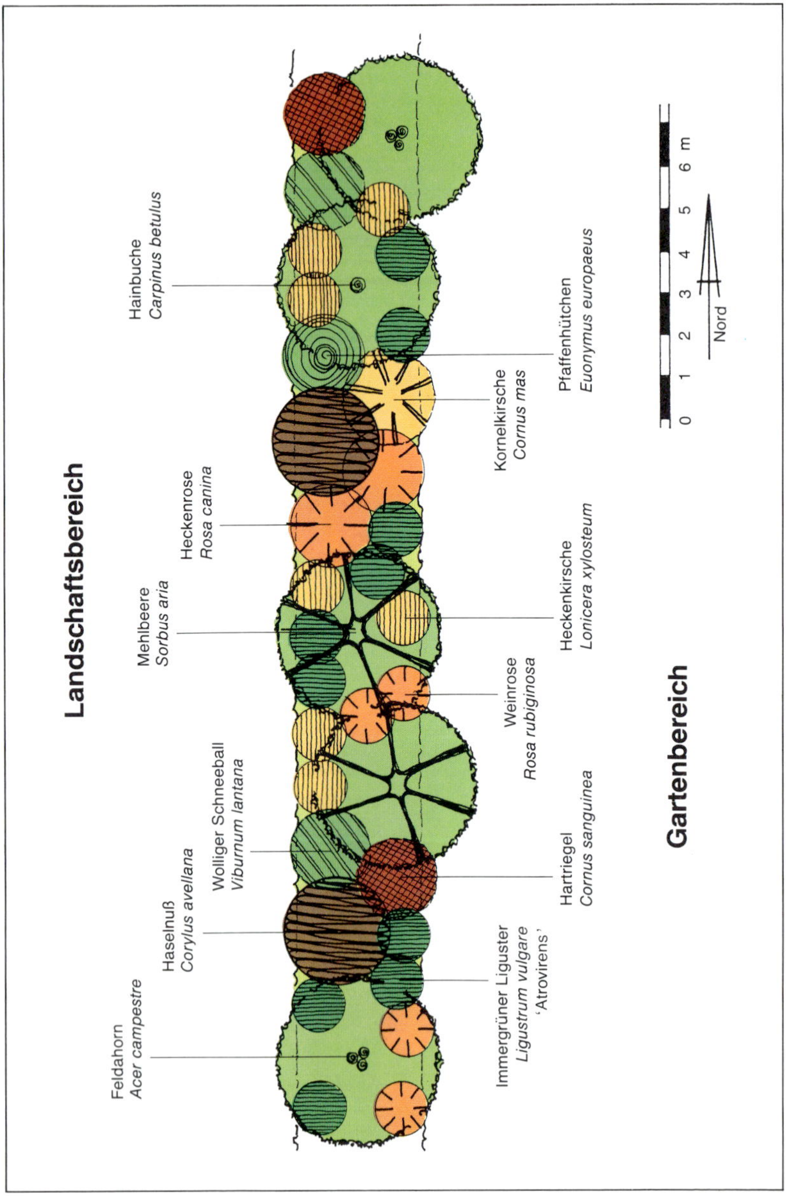
Landschaftsbereich
Hainbuche
Carpinus betulus
Mehlbeere
Sorbus aria
Heckenrose
Rosa canina
Wolliger Schneeball
Viburnum lantana
Haselnuß
Corylus avellana
Feldahorn
Acer campestre
Pfaffenhütchen
Euonymus europaeus
Kornelkirsche
Cornus mas
Heckenkirsche
Lonicera xylosteum
Weinrose
Rosa rubiginosa
Hartriegel
Cornus sanguinea
Immergrüner Liguster
Ligustrum vulgare
'Atrovirens'
Gartenbereich
0 1 2 3 4 5 6 m
Nord

Tabelle 4 Pflanzenbedarf und Kosten – Feldhecke für kleinere Gärten

Stück	Art	Qualität	Einzel-preis ca.	Gesamt-preis ca.
2	Feldahorn *Acer campestre*	Solitär 3 × verpflanzt mit Ballen 150–200 cm hoch	36,00	72,00
2	Mehlbeerbaum *Sorbus aria*	Heister 2 × verpflanzt mit Ballen 200–250 cm hoch	30,00	60,00
1	Hainbuche *Carpinus betulus*	Heister 2 × verpflanzt mit Ballen 225–250 cm hoch	43,00	43,00
2	Haselnuß *Corylus avellana*	Sträucher 2 × verpflanzt 60–100 cm hoch	7,00	14,00
2	Wolliger Schneeball *Viburnum lantana*	Sträucher 2 × verpflanzt 60–100 cm hoch	5,00	10,00
2	Heckenrose *Rosa canina*	Sträucher 2 × verpflanzt 60–100 cm hoch	5,00	10,00
1	Pfaffenhütchen *Euonymus europaeus*	Strauch 2 × verpflanzt 60–100 cm hoch	5,00	5,00
7	Heckenkirsche *Lonicera xylosteum*	Sträucher 2 × verpflanzt 80–125 cm hoch	5,00	35,00
1	Kornelkirsche *Cornus mas*	Strauch 2 × verpflanzt 80–100 cm hoch	14,00	14,00
4	Weinrose *Rosa rubiginosa*	Sträucher 2 × verpflanzt 60–100 cm hoch	5,00	20,00
10	Immergrüner Liguster *Ligustrum vulgare* 'Atrovirens'	Sträucher 2 × verpflanzt 5 7 Triebe 60–100 cm hoch	5,00	50,00
2	Bluthartriegel *Cornus sanguinea*	Sträucher 2 × verpflanzt 60–100 cm hoch	5,00	10,00
				Gesamtpreis ca. DM 343,00

Feld- und Blütenhecke

Der Vorschlag auf dem Pflanzplan 3 (S. 38) kommt sowohl der Forderung nach Landschaftsorientierung als auch der ästhetischen Vorstellung einer locker wachsenden Blütenhecke entgegen. Die der Landschaft zugewandten Seite dieser ca. 5 m breiten Hecke besteht ausschließlich aus heimischen Sträuchern und Bäumen. Eberesche, Hainbuche, Haselnuß, Hartriegel und Holunder bestimmen hier in erster Linie die Pflanzung. Die Gartenseite ist in der Baum- und Strauchschicht aus solchen Pflanzenarten zusammengesetzt, die noch ausreichend Wildcharakter besitzen, aber bezüglich Farbenvielfalt und Blütenfülle eine größere Leistungsfähigkeit aufweisen. Trotzdem harmonieren sie sehr gut mit den Wildarten; handelt es sich doch durchwegs um Pflanzen mit geringen Ansprüchen an den Boden, die keinen regelmäßigen Schnitt erfordern. Weitere Angaben können Sie auch in der Pflanzenliste gemäß Tabelle 9 (S. 60) nachlesen. Darunter befinden sich vor allem einmalblühende Strauchrosen mit Wildcharakter wie die leuchtendrote Auslese der Heckenrose, die Sorte 'Kiese' oder die bezaubernden rosa Schalenblüten der Sorte 'Frühlingsduft'. Im zeitigen Frühjahr leuchten die ersten Blüten des Goldglöckchens und daran schließt sich der rotbraune Austrieb und die weißen Blütenrispen der Felsenbirne an. Ein weiterer Höhepunkt im Jahresablauf ist sicher die Blüte des Zierapfels. Dieser kleine Baum mit seiner im Alter oft malerischen Gestalt ist im Mai übersät mit einfachen, weißen Blüten. Die orangegelben Früchte, die sich in großer Anzahl entwickeln, sind sonnenseitig mit roten Bäckchen versehen. Auch sie können verzehrt werden. Vor allem nach den ersten Frösten entwickeln sie einen aromatischen Geschmack. Die Krautschicht bei dieser Pflanzung ist zur Gartenseite hin sehr differenziert gestaltbar. Die freien Flächen bieten vor allem Stauden des Gehölzrandes genügend Lebensraum. Im Pflanzvorschlag sind

Zu den Rosen mit früher Blüte und starkem Duft zählt die Strauchrose 'Maigold'.

aus diesem Grunde teilweise einige Partien ausgespart. Zur Struktur der Gesamtpflanzung passen hier vor allem Wildgeranien *(Geranium macorrhizum, Geranium renardii, Geranium sanguineum)*, Steinsame *(Buglossoides purpurocaerulea)*, Walderdbeere *(Fragaria vesca)*, Gelbweiderich *(Lysimachia punctata)* und die Waldsteinie *(Waldsteinia ternata)*. Vor allem in der Anfangsphase, etwa die ersten 3–5 Jahre nach der Strauchpflanzung, sorgen diese Arten für guten Bodenschluß und große Vielfalt. Später können sie dann zunehmend von den Heckensträuchern und -bäumen verdrängt werden.

Die einfachen rosafarbenen Blütenrispen des Bogenflieders und die fast den ganzen Sommer anhaltenden, kaum gefüllten roten Blütensträuße der Strauchrose 'Dirigent' bringen in der meist blütenarmen Zeit des Sommers leuchtende Farbtupfer.

Der Herbst stellt sich auch hier mit vielen Früchten ein. Die Strauchrosen bringen durchweg dichten Besatz mit Hagebutten; die Beeren des schwarzen Holunders können auch in der Küche verwendet werden; aber auch an der Pflanze zieren sie und außerdem sind sie für viele Vögel ein bevorzugtes Futter. Das gilt auch für die Felsenbirne, deren rotschwarze Beeren schon im Spätsommer zur Genußreife gelangen. Die Früchte des Zierapfels sind ebenfalls eine Augenweide.

Pflanzung und Pflege

Auch bei dieser Pflanzung wird der Aufwand für die Pflege der Pflanzen selbst sehr gering sein. Ein gelegentlicher Rückschnitt, der sich auf das Entfernen einzelner, überalteter Triebe beschränken kann, ist nur bei der Forsythie (erst nach der Blüte) sowie bei den Strauchrosen notwendig. Auf Winterschutz und andere Maßnahmen kann praktisch vollständig verzichtet werden. Auch Maßnahmen des Pflanzenschutzes, z. B. das Spritzen gegen tierische Schädlinge oder Pilzkrankheiten dürften sich erübrigen, da die verwendeten Arten infolge ihrer natürlichen Abwehrkräfte nahezu resistent sind. Ein geringfügiger Befall der Pflanzen kann durchaus toleriert werden.

Lediglich im Bereich der Krautschicht ist im Verlauf der Entwicklung der Gehölze mit Veränderungen zu rechnen. Durch Beschattung werden einige Arten zurückgedrängt. Die freiwerdenden Flächen könnten dann mit schattenverträglichen Arten unterpflanzt werden. Mit zunehmender Reife der Pflanzung kann aber auch auf eine Krautschicht verzichtet werden. Wer eine gewisse Unordnung toleriert, kann auch auf eine anfängliche Unterpflanzung verzichten. Es stellen sich dann viele Wildarten ein. Allerdings muß man dazu einige Jahre mehr Geduld haben. Eine Aufstellung über Pflanzenbedarf und ungefähre Kosten enthält die Tabelle 5 (S. 39).

◁ Blühende Eberesche

Naturhecken

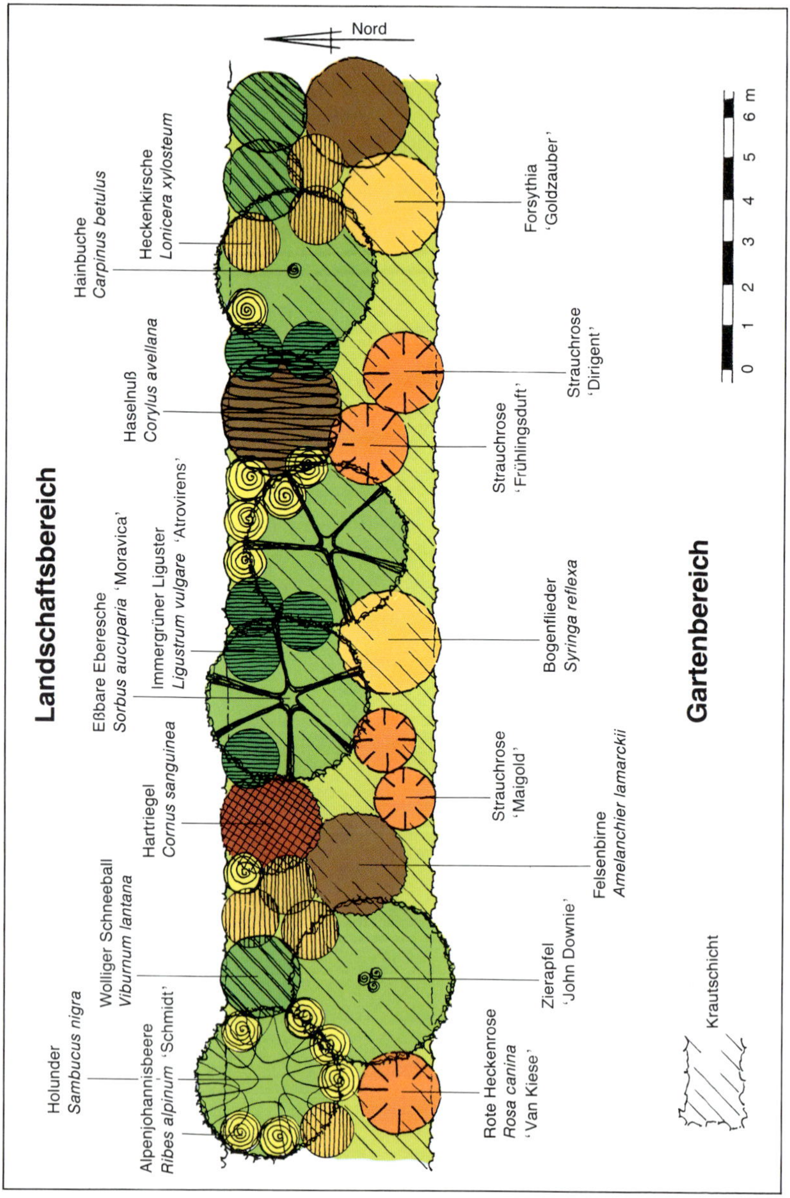

Tabelle 5 Pflanzenbedarf und Kosten – Feld- und Blütenhecke

Stück	Art	Qualität	Einzel-preis ca.	Gesamt-preis ca.
1	Holunder *Sambucus nigra*	Strauch 2 × verpflanzt 100–150 cm hoch	8,00	8,00
3	Wolliger Schneeball *Viburnum lantana*	Sträucher 2 × verpflanzt 60–100 cm hoch	8,00	24,00
13	Alpenjohannisbeere *Ribes alpinum* 'Schmidt'	Sträucher 2 × verpflanzt 5–7 Triebe 40–60 cm hoch	3,50	45,50
1	Hartriegel *Cornus sanguineum*	Strauch 2 × verpflanzt 60–100 cm hoch	5,00	5,00
6	Immergrüner Liguster *Ligustrum vulgare* 'Atrovirens'	Sträucher 2 × verpflanzt 5–7 Triebe 60–100 cm hoch	5,00	30,00
2	Eßbare Eberesche *Sorbus aucuparia* 'Moravica'	Heister 2 × verpflanzt 200–250 cm hoch	25,00	50,00
1	Hainbuche *Carpinus betulus*	Heister 2 × verpflanzt mit Ballen 175–200 cm hoch	38,00	38,00
1	Haselnuß *Corylus avellana*	Strauch 2 × verpflanzt 100–125 cm hoch	7,50	7,50
1	Zierapfel 'John Downie'	Solitär 3 × verpflanzt 200–250 cm hoch	96,00	96,00
2	Felsenbirne *Amelanchier lamarckii*	Solitär 3 × verpflanzt mit Ballen, 3–4 Grundtriebe 125–150 cm hoch	35,00	70,00
1	Bogenflieder *Syringa reflexa*	Strauch 2 × verpflanzt 80–100 cm hoch	17,00	17,00
1	Goldglöckchen *Forsythia*	Strauch 2 × verpflanzt 80–125 cm hoch	10,00	10,00
7	Heckenkirsche *Lonicera xylosteum*	Sträucher 2 × verpflanzt 80–125 cm hoch	5,00	35,00
4	Strauchrosen	Qualität A	6,50	26,00
			Gesamtpreis ca.	DM 462,00

Freiwachsende Hecken im Siedlungsbereich

Wenn Gärten ohne direkten Bezug zur freien Landschaft innerhalb des Siedlungsbereiches mit Hecken als Sicht- und Windschutz bepflanzt werden sollen, dann erscheint eine zwingende Bindung zu heimischen Pflanzenarten nicht unbedingt notwendig.
Es gibt viele wertvolle Gartenpflanzen, die zwar nicht bodenständig sind, aber für unsere Zwecke eine hervorragende Eignung besitzen, weil sie aus ähnlichen Klimabereichen stammen.
Sie weisen oft als Ergebnis gärtnerischer Züchtungsarbeit auffällige Blüten, Blattfarben oder Wuchseigenschaften auf. Vor allem in kleineren Gärten können sie für bestimmte Funktionen leistungsfähiger als heimische Arten sein. Selbstverständlich muß auf diese nicht ganz verzichtet werden. Nachfolgend werden Beispiele für ungeschnittene Hecken im Siedlungsbereich vorgestellt.

Große, ungeschnittene Blütenhecke

Der Pflanzplan 4 (S. 46) enthält einen Pflanzvorschlag für eine stark strukturierte, locker wachsende Hecke aus Kleinbäumen und Sträuchern. Die Endhöhe der Pflanzung beträgt zwischen 2 und 5 m. Im wesentlichen ist das Prinzip der mehrschichtigen, naturnahen Feldhecke beibehalten ohne die Artenauswahl auf heimische Pflanzenarten zu beschränken. Zieräpfel, Zierkirsche und Felsenbirne sind die Charakterarten dieser Pflanzung. Daraus ergibt sich auch, daß diese Hecke einen absoluten Sichtschutz nicht gewährleistet, weil der Aufbau von Zweigen und Blattwerk dieser Pflanzenarten locker und auch im Sommer teilweise durchschaubar bleibt. Dafür ist diese Pflanzengemeinschaft außerordentlich »lebendig«. Schon im sehr zeitigen Frühjahr sprießt erstes frisches Grün bei der Blauen Heckenkirsche, und die Kornelkirsche ist mit duftigen, gelben Blüten geschmückt. Später folgt das beliebte Goldglöckchen. Zieräpfel, Zierkirschen und der weiße Blütenschleier der Felsenbirne sorgen im weiteren Jahresablauf für ein überwältigendes Frühlingsfest mit weithin leuchtenden weißen und rosa Farben. Auch die zartrosa bis weißen »Schneebälle« verströmen in dieser Zeit ihren Duft.
Im Sommer geht es in dieser Hecke stiller zu. Rosa Bogenflieder, gelbe Fünffingersträucher und gelbrote Zwergweigelien nehmen sich vergleichsweise bescheiden aus.
Der Spätsommer und Herbst kommt mit Früchten und Blattfarbe. Schon im August freuen sich die Vögel an der süßen, aromatischen, auch für Menschen genießbaren Felsenbirne. Die Früchte der Zieräp-

◁ Große Blütenhecke

Freiwachsende Hecken

Der weißblühende Zierapfel *Malus sieboldii* kann sich zu imposanten Großsträuchern entwickeln.

fel leuchten in gelb und orange und unter dem Laub der Kornelkirsche findet man glänzend rote, säuerlich schmeckende, beerenartige Steinfrüchte. Fast alle hier verwendeten Gehölze schmücken sich mit gelbem bis rotem Herbstlaub, wobei Felsenbirne, Kornelkirsche, Zieräpfel und Zierkirsche besonders herauszuheben sind.

Auch im Winter hat diese Hecke ihre Reize. die orangefarbigen Früchte und die silbrig glänzenden Blätter der Felsenmispel haften teilweise bis in das Frühjahr hinein. Das gilt auch für die glasigen Beeren der Heckenkirsche sowie für das dunkel glänzende Laub des Zwergligusters.

Pflanzung und Pflege

Diese lockere Hecke verlangt zu ihrem Gedeihen einen gut kultivierten, nährstoffreichen Boden. Falls dieser bei der Pflanzung nicht vorhanden ist, sollte ausreichend mit Kompost, Torf oder Rindensubstrat verbessert werden. Falls später das Laub

nicht regelmäßig entfernt wird, kann auf eine weitere Düngung jedoch verzichtet werden.
Regelmäßiger Rückschnitt ist nicht erforderlich. Lediglich die überalterten, mehrjährigen Triebe des Goldglöckchens, der Zwergspiersträucher, des Fünffingerstrauches und der Zwergweigelie sind herauszunehmen. Dies dürfte jedoch nur alle 2–3 Jahre erforderlich sein, wenn die Blühwilligkeit abnimmt. Die prägnanten Aststrukturen der bestimmenden Äpfel und Kirschen sollten nicht durch Schnittmaßnahmen verstümmelt werden.
Auf Pflanzenschutzmaßnahmen kann verzichtet werden, da Anfälligkeiten gegen Krankheiten und Schädlinge kaum gegeben sind.
Die Tabelle 6 (S. 47) enthält eine Aufstellung über Pflanzenbedarf und Kosten für die Anlage dieser Hecke. Selbstverständlich kann diese Pflanzung variiert werden. So könnte durch die verstärkte Verwendung von Kornelkirsche und Liguster (dann aber die wintergrüne, hohe Art *Ligustrum vulgare* 'Atrovirens') auf Kosten von Zieräpfel, Zierkirsche oder Amelanchier die Funktion des Sicht- und Windschutzes verbessert werden. Man muß dann auf einen Teil der Blüten verzichten.

Oben: Auch im lichten Gehölzschatten blüht der Duftschneeball.

Unten: Die Früchte der Felsenmispel haften teilweise bis in den Winter hinein an der Pflanze.

Blütenhecke ▷

Freiwachsende Hecken

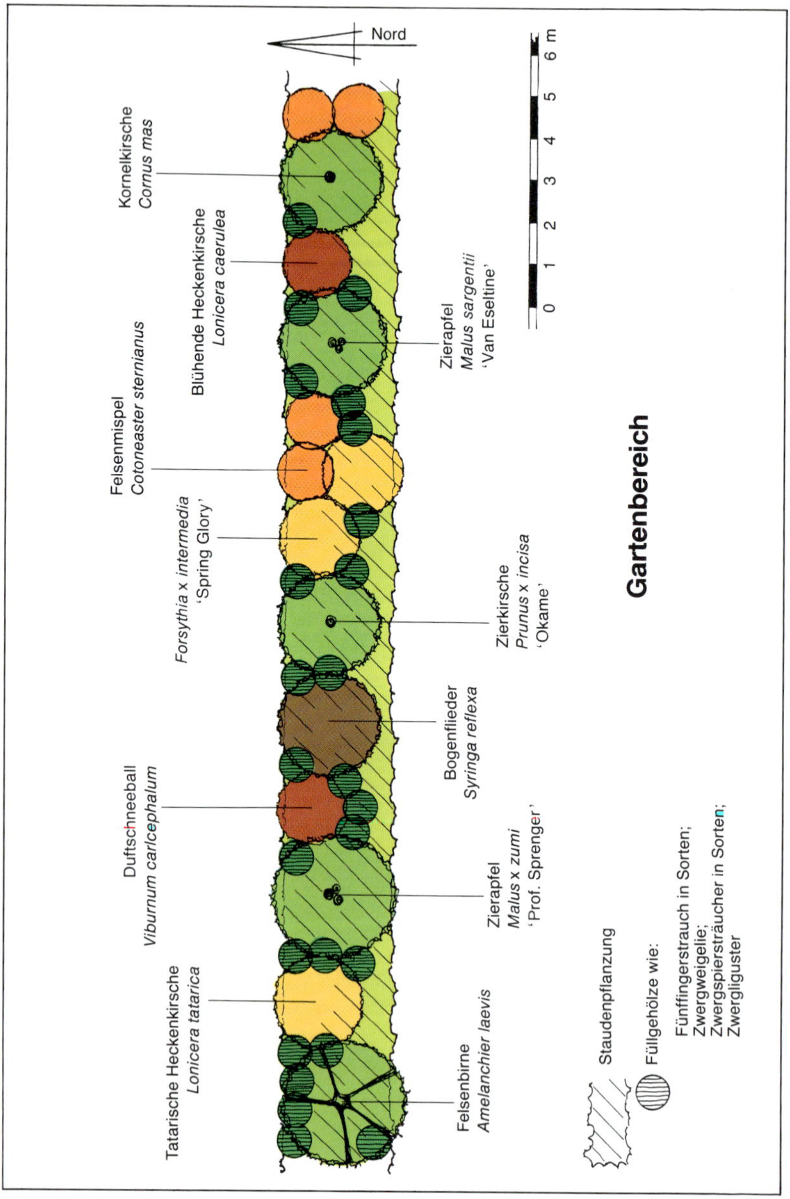

Tabelle 6 Pflanzenbedarf und Kosten – große, ungeschnittene Blütenhecke

Stück	Art	Qualität	Einzelpreis ca.	Gesamtpreis ca.
1	Tatarische Heckenkirsche *Lonicera tatarica*	Strauch 2 × verpflanzt 80–125 cm hoch	5,00	5,00
1	Duftschneeball *Viburnum carlcephalum*	Strauch 2 × verpflanzt mit Ballen 60–80 cm hoch	43,00	43,00
2	Goldglöckchen *Forsythia × intermedia*	Sträucher 2 × verpflanzt 80–125 cm hoch	7,00	14,00
4	Felsenmispel *Cotoneaster sternianus*	Sträucher 2 × verpflanzt mit Ballen 60–80 cm hoch	12,00	48,00
1	Kornelkirsche *Cornus mas*	Strauch 2 × verpflanzt 80–100 cm hoch	14,00	14,00
1	Blaue Heckenkirsche *Lonicera caerulea*	Strauch 2 × verpflanzt 60–100 cm hoch	8,00	8,00
1	Felsenbirne *Amelanchier laevis*	Solitär 3 × verpflanzt mit Ballen 125–150 cm hoch	72,00	72,00
1	Zierapfel *Malus × zumi* 'Prof. Sprenger'	Solitär 3 × verpflanzt mit Ballen 125–150 cm hoch	56,00	56,00
1	Bogenflieder *Syringa reflexa*	Strauch 2 × verpflanzt 80–100 cm hoch	17,00	17,00
1	Zierkirsche *Prunus × incisa* 'Okame'	Strauch 2 × verpflanzt 125–175 cm hoch	25,00	25,00
1	Zierapfel *Malus sieboldii* 'van Eseltine'	Strauch 2 × verpflanzt 125–175 cm hoch	25,00	25,00
25	Füllgehölze	Sträucher 2 × verpflanzt 30–40 cm hoch	5,00	125,00
			Gesamtpreis ca.	DM 452,00

Die Felsenbirne eignet sich sowohl für Hecken als auch zur Einzelstellung.

Kleinere Blütenhecke

Mit einer Breite von ca. 2,5 m kommt die lockere Blütenhecke auf dem Pflanzplan 5 (S. 52) aus. Im Gegensatz zu dem etwas mächtigeren Vorschlag des Pflanzplanes 4 wurde auf Großsträucher und Kleinbäume ganz verzichtet. Der dadurch bedingte, relativ geringe Platzbedarf und die Wuchsform der verwendeten Pflanzenarten lassen sie in besonderem Maße als eine anspruchsvolle Sicht-, Windschutz- und Blütenhecke für kleinere Gartengrundstücke im Siedlungsbereich geeignet erscheinen.

Neben dem Blüteneffekt besticht hier die Vielfalt des Blattwerkes. Dabei sorgen die Arten von Felsenmispel und Feuerdorn infolge ihres lange haftenden Laubes auch im Winter für Abwechslung. Die Blütenwirkung konzentriert sich auch bei dieser Pflanzengemeinschaft auf das Frühjahr, wobei Duftschneeball, Goldglöckchen, Spierstrauch und Kolkwitzie am auffälligsten sind. Besonders lange blühen im Sommer und Spätsommer Fünffingerstrauch und Zwergweigelie. Auffällige Früchte besitzen vor allem die Sorten des Feuerdorns. Allerdings sind die orangegelben Beeren bei den Vögeln besonders beliebt und werden meist schon vor Wintereinbruch gefressen. Die schwarz glänzenden Nüßchen der Scheinkerrie dagegen bleiben oft bis in das Frühjahr hinein an den Pflanzen haften. Eine hübsche Herbstfärbung kann vor allem bei Kolkwitzie, Zwergweigelie und Sauerdorn erwartet werden.

Pflanzung und Pflege

An den Boden stellt diese lockere Hecke keine allzugroßen Ansprüche. Durchschnittliche Gartenböden benötigen kaum Verbesserung, lediglich magere Sand- und Steinböden sind möglichst mit organischen Materialien wie Gartenkompost, Torf oder Rindenkompost aufzubereiten.

Nahezu alle vorgeschlagenen Pflanzenarten sind robust und widerstandsfähig gegen Krankheiten und

Kleinere Blütenhecke ▷

Schädlinge. Lediglich der Feuerdorn wird in ungünstigen Lagen oder Klimabereichen vor allem von Blattkrankheiten z. B. Schorf befallen. Die Beeren sind dann fleckig, verlieren zunehmend an Farbe und faulen bald ab. Eine vorbeugende, regelmäßige Spritzung mit pilztötenden Mitteln kann hier zwar Abhilfe schaffen; erscheint im Garten aber aus Gründen der Umweltbelastungen nicht sinnvoll. Die Baumschulen haben in ihrem Angebot zwischenzeitlich auch einige Sorten vorrätig, die selbst auf schwierigen Standorten weitgehend krankheitsresistent sind.

Auch diese freiwachsende Hecke bedarf keines regelmäßigen Schnittes. Strenge Winter ohne Schnee verursachen bei Feuerdorn und der wintergrünen Felsenmispel gelegentlich Frostschäden; nach dem Entfernen der abgestorbenen Triebe im Frühjahr treiben sie jedoch im Regelfall wieder aus. Ein Auslichtungsschnitt alle 2–3 Jahre bei Spierstrauch und Fünffingerstrauch verbessert die Blühfähigkeit.

Die Tabelle 7 (S. 53) enthält den Pflanzenbedarf und die geschätzten Kosten für die Beschaffung des Pflanzenmaterials.

Oben: Struktur und Pflanzenauswahl dieser kleinen Hecke entsprechen dem Beispiel auf Pflanzplan 5.

Unten: Auch ohne Schnittaufwand erreicht die Kolkwitzie geschlossene Heckenstrukturen.

Ranunkelstrauch und Flieder ▷

Freiwachsende Hecken

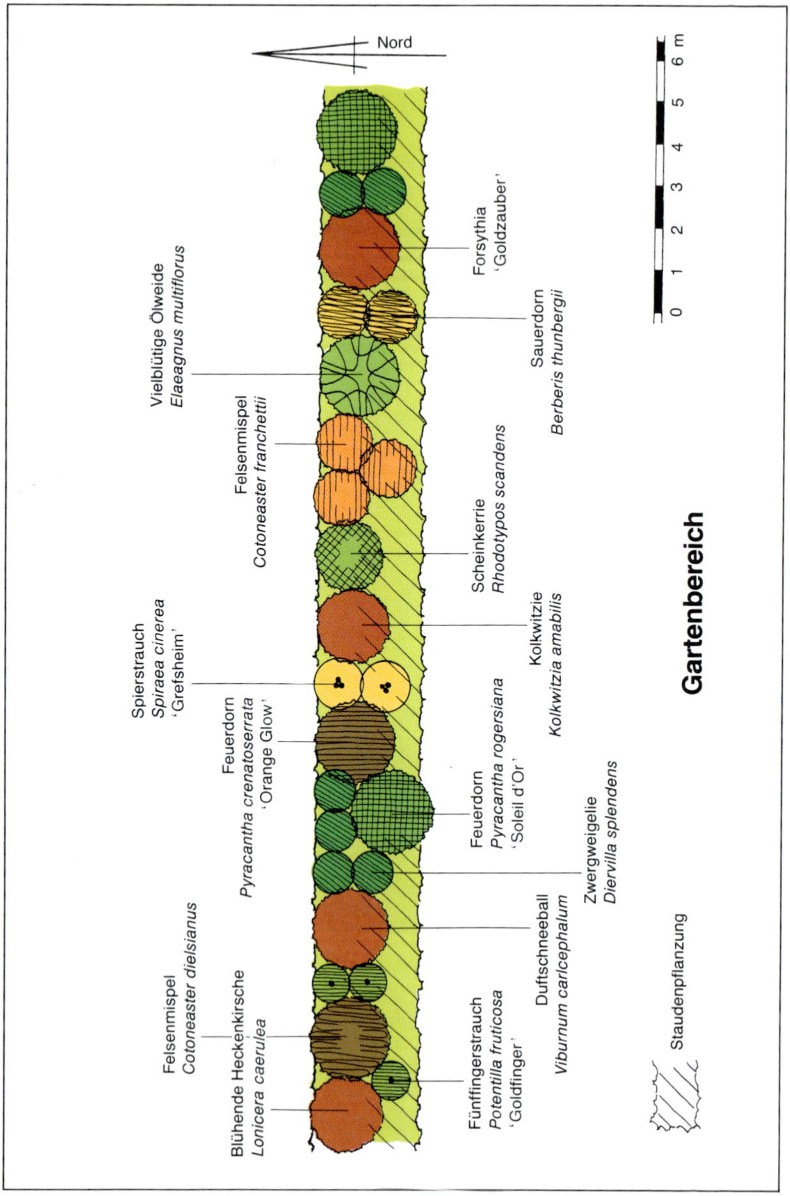

Tabelle 7 Pflanzenbedarf und Kosten – kleinere, ungeschnittene Blütenhecke

Stück	Art	Qualität	Einzelpreis ca.	Gesamtpreis ca.
1	Felsenmispel *Cotoneaster diels.*	Strauch 2 × verpflanzt 80–125 cm hoch	5,00	5,00
1	Bl. Heckenkirsche *Lonicera caerulea*	Strauch 2 × verpflanzt 60–100 cm hoch	8,00	8,00
2	Spierstrauch *Spiraea* 'Grefsheim'	Sträucher 2 × verpflanzt 60–80 cm hoch	9,00	18,00
1	Feuerdorn *Pyracantha* 'Orange Glow'	Strauch mit Topfballen 60–80 cm hoch	8,00	8,00
2	Feuerdorn *Pyracantha* 'Soleil d'Or'	Sträucher mit Topfballen 60–80 cm hoch	8,00	16,00
1	Vielblütige Ölweide *Elaeagnus multiflora*	Strauch 2 × verpflanzt 80–100 cm hoch	20,00	20,00
3	Felsenmispel *Cotoneaster* *franchetii*	Sträucher 2 × verpflanzt mit Ballen 60–80 cm hoch	12,00	36,00
3	Fünffingerstrauch *Potentilla* 'Goldfinger'	Sträucher 2 × verpflanzt	5,00	15,00
1	Duftschneeball *Viburnum* *carlcephalum*	Strauch 2 × verpflanzt mit Ballen 60–80 cm hoch	45,00	45,00
6	Zwergweigelie *Diervilla × splendens*	Sträucher 2 × verpflanzt 30–40 cm hoch	5,00	30,00
1	Kolkwitzie *Kolkwitzia amabilis*	Strauch 2 × verpflanzt 80–100 cm hoch	48,00	48,00
1	Scheinkerrie *Rhodotypos scandens*	Strauch 2 × verpflanzt	8,00	8,00
2	Sauerdorn *Berberis thunbergii*	Sträucher 2 × verpflanzt 40–60 cm hoch	5,00	10,00
1	Goldglöckchen *Forsythia* 'Goldzauber'	Strauch 2 × verpflanzt 80–125 cm hoch	10,00	10,00
			Gesamtpreis ca.	DM 277,00

Freiwachsende Hecken

Blütenhecke mit Stauden

Der Pflanzplan 6 (S. 55) enthält neben teilweise bereits beschriebenen Gehölzarten einen Vorschlag, wie eine höhenmäßig stark strukturierte Hecke aus kleineren Bäumen, Großsträuchern und Sträuchern in Anlehnung an die natürliche Krautschicht mit Stauden als grüner Teppich unterpflanzt werden kann. Überwiegend handelt es sich dabei um Wildarten oder Sorten mit Wildcharakter, die auch am natürlichen Standort den Lebensbereich »Gehölz oder Gehölzrand« bevorzugen. Sie können abwechselnd im Schatten oder in der vollen Sonne stehen, gedeihen auch vor und unter den Gehölzen und vertragen Fallaub. Besonders wüchsige Flächendecker mit starker Verdrängungskraft gegen Unkräuter sind die rot und weiß blühenden Sorten des Blut-Storchschnabels, wobei diese Arten von Mai bis August unermüdlich blühen.
Besonders wertvoll sind die in die Krautschicht eingestreuten Sommer- und Herbstblüher unter den Stauden, weil sie nach der Hauptblüte der Gehölze im Frühling diese lockere Hecke in besonderem Maße durch üppigen Flor bereichern. Dazu zählen die Blütentrauben des Diptam, die Sterne der Bergaster, die lilarosa Rispen des Majoran und die blauen Tupfer der Knäuelglockenblume.

Diese Staudenpflanzung geht ganz selbstverständlich in eine bestehende Feldhecke über.

Freiwachsende Hecken

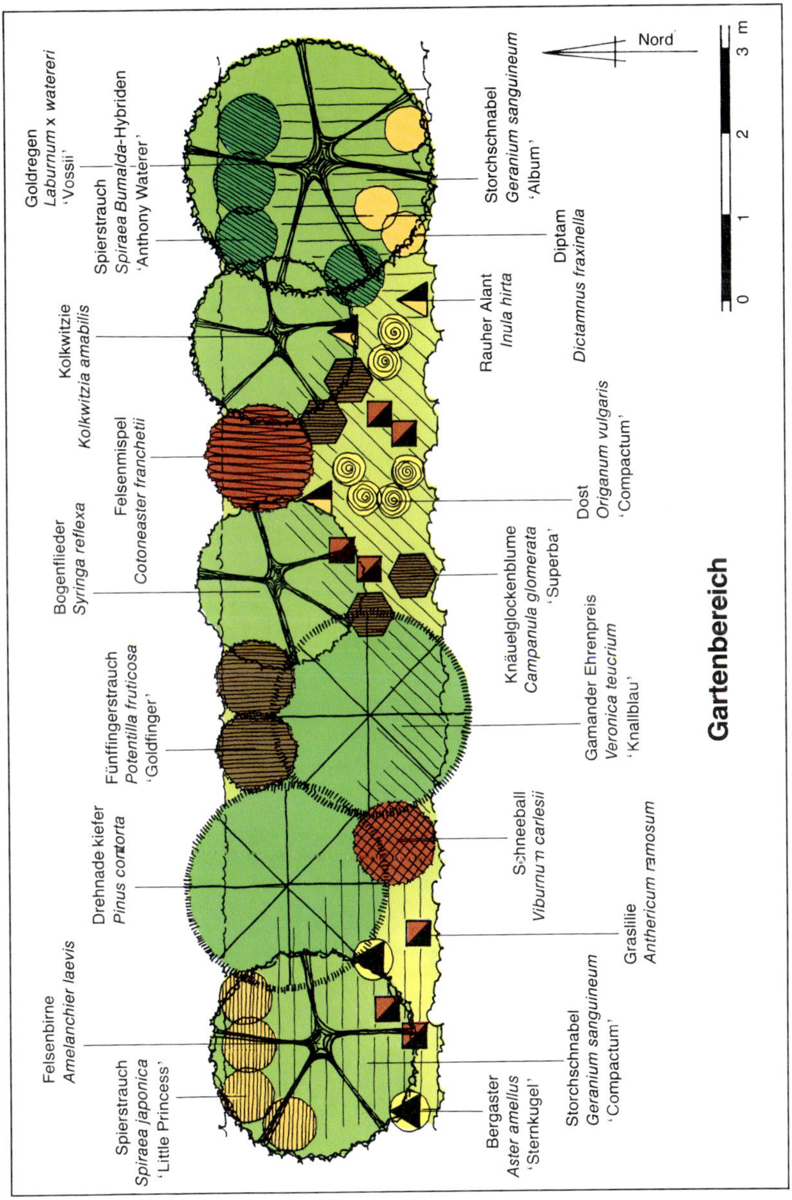

Tabelle 8 Pflanzenbedarf und Kosten – Blütenhecke mit Stauden

Stück	Art	Qualität	Einzel-preis ca.	Gesamt-preis ca.
	Gehölze			
1	Felsenbirne *Amelanchier laevis*	Solitär 3 × verpflanzt mit Ballen 150–200 cm hoch	130,00	130,00
4	Spierstrauch *Spiraea japonica* 'Little Princess'	Sträucher 2 × verpflanzt 20–30 cm hoch	9,00	36,00
2	Fünffingerstrauch *Potentilla fruticosa* 'Goldfinger'	Sträucher 2 × verpflanzt 30–40 cm hoch	6,00	12,00
1	Bogenflieder *Syringa reflexa*	Strauch 2 × verpflanzt 60–100 cm hoch	17,00	17,00
1	Felsenmispel *Cotoneaster franchetii*	Strauch 2 × verpflanzt mit Ballen 60–80 cm hoch	12,00	12,00
1	Kolkwitzie *Kolkwitzia amabilis*	Solitär 3 × verpflanzt mit Ballen 80–100 cm hoch	48,00	48,00
4	Spierstrauch *Spiraea × bumalda* 'Anthony Waterer'	Sträucher 2 × verpflanzt	7,00	28,00
1	Goldregen *Laburnum × watereri* 'Vossii'	Strauch 2 × verpflanzt 5–7 Triebe 80–125 cm hoch	27,00	27,00
1	Duftschneeball *Viburnum carlesii*	Strauch 2 × verpflanzt mit Ballen 40–60 cm hoch	30,00	30,00
2	Drehnadelkiefern *Pinus contorta*	mit Ballen 125–150 cm hoch	92,00	184,00

	Stauden mit Topfballen		
2	Bergaster *Aster amellus* 'Sternkugel'	4,00	8,00
45	Storchschnabel *Geranium sanguineum* 'Compactum'	3,00	135,00
7	Graslilie *Anthericum ramosum*	5,00	35,00
30	Gamanderehrenpreis *Veronica teucrium* 'Knallblau'	3,00	90,00
4	Knäuelglockenblume *Campanula glomerata* 'Superba'	3,00	12,00
6	Dost, Majoran *Origanum vulgare* 'Compactum'	3,00	18,00
3	Rauher Alant *Inula hirta*	3,00	9,00
3	Diptam *Dictamnus fraxinella*	7,00	21,00
25	Storchschnabel *Geranium sanguineum* 'Album'	3,00	75,00
			Gesamtpreis ca. DM 927,00

Pflanzung und Pflege

Die Pflanzen dieser lockeren Hecke sind alle kalkliebend. Dies trifft in besonderem Maße für die Krautschicht zu. Besondere Schnittmaßnahmen sind nicht erforderlich. Lediglich die abgestorbenen Teile der höheren Stauden sollten im Frühjahr entfernt werden. Gelegentlich ist die Herausnahme älterer Triebe bei den Spiersträuchern und dem Fünffingerstrauch notwendig.
Die Tabelle 8 (S. 56) enthält eine Aufstellung über Pflanzenmaterial und geschätzte Kosten für eine Hecke von 2,5 m Breite und 12 m Länge, getrennt nach Stauden für die Krautschicht und Gehölzen.
Es ist sinnvoll, beim Auslegen der Pflanzen nach Pflanzplan im Garten hier zuerst die größeren Gehölze an ihren Pflanzort zu stellen, z. B. Felsenbirne, Goldregen und Drehnadelkiefer. Anschließend gesellt man dazu die restlichen Sträucher wie Spierstrauch, Kolkwitzie und Bogenflieder. Das hat den Vorteil, daß man vor der Pflanzarbeit noch kleine Korrekturen anbringen kann. Nach der Pflanzung der Gehölze werden erst die Stauden ausgelegt und gepflanzt. Damit ist gewährleistet, daß die kleinen Stauden bei der Pflanzarbeit der Gehölze nicht in Mitleidenschaft gezogen werden.

Oben: Der winterharte Sommerflieder blüht bereits im Juni.

Unten: Rotblühender Zwergspierstrauch

Pflanzenauswahl für freiwachsende Hecken im Siedlungsbereich

Neben den heimischen Arten sind viele Gartengehölze für ungeschnittene Hecken geeignet. Es würde den Rahmen dieses Büchleins sprengen, wenn alle wichtigen Arten beschrieben werden sollten. Eine Zusammenstellung der wesentlichen Gehölze enthält die Tabelle 9 (S. 60). Hier sind Arten enthalten, die im Regelfall ohne besondere Pflegemaßnahmen gedeihen und ähnliche Pflanzenkombinationen ermöglichen, wie in den Pflanzplänen 4–6 beschrieben. Selbstverständlich sind auch Kombinationen mit heimischen Arten der Tabelle 2 (S. 14) möglich. Dabei sind Wuchshöhe, Boden- und Lichtanspruch und Wuchsform aufeinander abzustimmen.

Diese vielgestaltige Blütenhecke bietet prächtigen Sichtschutz zur Straße.

Freiwachsende Hecken

Tabelle 9 Ansprüche und Eigenschaften geeigneter Pflanzen für freiwachsende Hecken im Siedlungsbereich

Pflanzenart Deutscher Name	Botanischer Name	Wuchshöhe in m	Blütezeit	Blütenfarbe
Feuerahorn	*Acer ginnala*	4–6	V	gelblich-weiß
Strauchkastanie	*Aesculus parviflora*	2–4	VII–VIII	weiß
Italienische Erle	*Alnus cordata*	10–15	III–IV	gelblich
Felsenbirne	*Amelanchier laevis*	8–10	IV–V	weiß
Felsenbirne	*Amelanchier lamarckii*	6–8	IV–V	weiß
Sauerdorn	*Berberis gagnepainii* var. *lanceifolia*	1–2	V–VI	goldgelb
Sauerdorn	*Berberis julianae*	2–3	V–VI	gelb
Sauerdorn	*Berberis × ottawensis* 'Superba'	bis 2	V–VI	gelb
Sauerdorn	*Berberis thunbergii*	bis 1	V	gelb
Sauerdorn	*Berberis thunbergii* 'Atropurpurea'	bis 1	V	goldgelb
Sandbirke	*Betula verrucosa*	15–20	IV–V	grünlich-gelb
Schmetterlingsstrauch	*Buddleja alternifolia*	2–4	VI–VII	purpurlila
Schmetterlingsstrauch	*Buddleja davidii* in Sorten	3–5	VII–X	weiß bis lila

Freiwachsende Hecken

Stand: ○ = volle Sonne, ◑ = Halbschatten, ● = Schatten

Stand	Bevorzugte Bodenart	Bemerkungen
○–◑	mittel bis schwer	duftende Blüten, hochrote Früchte, schönes rotes Herbstlaub
○–●	mittel bis schwer	Ausläufer treibend, braucht viel Platz, prächtiges spätblühendes Gehölz
○–◑	mittel bis schwer	raschwüchsiger, formschöner Kleinbaum, schwarzgrünes Laub bis Ende Oktober haftend, auffallender Zapfenschmuck
○–◑	mittel bis schwer	prachtvoller Großstrauch mit orangeroter Herbstfärbung, Früchte eßbar, bevorzugt frische bis feuchte Standorte
○–◑	mittel bis schwer	kupferroter Blattaustrieb, orangefarbene Herbstfärbung, eßbare, süße Früchte, bevorzugt frische bis feuchte Standorte
◑–●	mittel bis schwer	immergrüner Strauch mit Dornen, bei hellem Standort rötliches Winterlaub
◑–●	mittel bis schwer	stark bewehrter, immergrüner Strauch, bei hellem Standort gelb bis rötliches Winterlaub
○–◑	mittel bis schwer	tief rotbraune Rinde, bläulich purpurrotes Laub, hellrote Früchte
○–◑	mittel bis schwer	leuchtend rote Früchte, gelb bis orangefarbene Herbstfärbung
○–◑	mittel bis schwer	Blätter purpurrot bis rotbraun, Herbstlaub karminrot, leuchtend rote Früchte
○	leicht bis schwer	viele der handelsüblichen Birkenarten werden für Hausgärten schnell zu groß und sollten durch Nachpflanzungen ersetzt werden
○	mittel bis schwer	schön überhängender, sommergrüner Strauch mit duftenden Blüten, besonders für Böschungen geeignet, kein Rückschnitt nötig
○	leicht bis schwer	starkwüchsig, Jahrestriebe bis 3 m Länge, regelmäßiger Rückschnitt im Frühjahr erforderlich

Freiwachsende Hecken

Buchsbaum	*Buxus sempervirens* in Sorten	5–8	IV–V	gelblich
Gewürzstrauch	*Calycanthus floridus*	1–3	VI–VII	dunkelrot-braun
Erbsenstrauch	*Caragana arborescens*	4–6	V	hellgelb
Katsurabaum, Judasblatt	*Cercidiphyllum magnificum*	10–15	IV–V	karminrot
Judasbaum	*Cercis siliquastrum*	4–6	IV–V	purpur-rosa
Schneeflocken-strauch	*Chionanthus virginicus*	3–5	VI–VII	weiß
Scheineller	*Clethra alnifolia*	2–3	VII–IX	weiß
Blasenstrauch	*Colutea arborescens*	2–3	VI–VIII	gelb
Hartriegel	*Cornus alba* in Sorten	1,5–3	V–VI	weiß
Hartriegel	*Cornus stolonifera* 'Flaviramea'	1–2	V–VI	weiß
Scheinhasel	*Corylopsis spicata*	bis 2	IV	hellgelb
Perückenstrauch	*Cotinus coggygria* in Sorten	2–4	VI–VII	gelblich
Zwergmispel	*Cotoneaster dielsianus*	bis 2	VI	weiß
Zwergmispel	*Cotoneaster divaricatus*	bis 2	VI	weiß
Zwergmispel	*Cotoneaster multiflorus*	3–4	VI	weiß

Freiwachsende Hecken

○–●	leicht bis schwer	bekannter, alter Sichtschutzstrauch, wertvoll für halbschattige Gartenbereiche, viele Formen im Handel!
○–◑	mittel bis schwer	Wurzel und Blätter nach Gewürznelken duftend, Blüten erdbeerartiger Geruch, für etwas geschützte Lagen
○–◑	leicht bis mittel	ausgezeichnete Windschutzpflanze für trokkene kalkreiche Böden
○–◑	mittel bis schwer	schöner Kleinbaum mit gelber bis orangeroter Herbstfärbung, Blätter vor Laubfall nach Lebkuchen duftend, nicht für trockene Böden
○–◑	mittel bis schwer	interessant durch stammbürtige Blütenbüschel, in der Jugend frostgefährdet, liebt kalkhaltigen frischen Boden
○–◑	mittel bis schwer	breit ausladender Wuchs, sehr großes, bis 20 cm langes Laub, Blüten in überhängenden Rispen, duftend, liebt frische Böden
○–●	leicht bis mittel	Blüte in langen, schmalen Trauben, stark und angenehm duftend, liebt humose, feuchte Böden
○–◑	leicht bis schwer	anspruchsloser Strauch mit interessanten, aufgeblasenen Hülsenfrüchten
○–●	leicht bis schwer	anspruchslose Sträucher für frische bis feuchte Standorte, z. T. intensiv gefärbte Rinde und Blätter
○–●	leicht bis schwer	Zweige mit hellgrüngelber Rinde, für frische bis feuchte Standorte
○–◑	mittel bis schwer	zauberhafter, vorfrühjahrsblühender Strauch mit duftenden Blüten, humose Böden
○	leicht bis schwer	perückenähnliche Blüten- und Fruchtstände, auffallende Belaubung, für warme, sonnige Lagen
○–◑	leicht bis schwer	stark fruchtender Kleinstrauch, anspruchslos
○–◑	leicht bis schwer	glänzend rote Früchte, Herbstfärbung leuchtend rot, anspruchslos
○–◑	leicht bis schwer	Blüten in Doldenrispen, unangenehm riechend, reichfruchtend, anspruchslos

Freiwachsende Hecken

Zwergmispel	*Cotoneaster salicifolius* var. *floccosus*	3–4	VI	weiß
Zwergmispel	*Cotoneaster sternianus*	2–3	V–VI	weiß bis rosa
Weißdorn	*Crataegus* × *lavallei*	7–10	V–VI	weiß
Weißdorn	*Crataegus* × *prunifolia*	3–4	V–VI	weiß
Deutzie	*Deutzia* × *hybrida* in Sorten	1–1,5	VI	malvenrosa
Deutzie	*Deutzia* × *lemoinei* in Sorten	1–1,5	VI	weiß
Deutzie	*Deutzia* × *magnifica* in Sorten	2–3	VI	weiß
Deutzie	*Deutzia scabra* in Sorten	2,5–3	VI–VII	weiß
Ölweide	*Elaeagnus angustifolia*	5–7	VI	gelblich
Ölweide	*Elaeagnus multiflora*	2–3	V	gelb
Pfaffenhütchen	*Euonymus planipes*	3–5	V	gelblichgrün
Perlbusch	*Exochorda racemosa*	3–4	V–VI	weiß
Goldglöckchen	*Forsythia* × *intermedia* in Sorten	2–3	IV–V	gelb
Blumenesche	*Fraxinus ornus*	6–8	V	weiß
Schneeglöckchenbaum	*Halesia carolina*	4–6	IV–V	weiß
Scheinspiere	*Holodiscus discolor* var. *ariaefolius*	2–3	VII–VIII	gelblichweiß

◑–●	mittel bis schwer	bogig überhängender Wuchs, in geschützten Lagen immergrün
○–◑	mittel bis schwer	in geschützten Lagen wintergrün, sehr schöne, leuchtend orangerote Beeren
○–◑	mittel bis schwer	Großstrauch bis kleiner Baum mit langhaftenden Blättern, große orangerote Früchte
○–◑	leicht bis schwer	dorniger Strauch mit großen Doldenblüten, Früchte scharlachrot, Vogelschutzgehölz
○	mittel bis schwer	auffallende Blütensträucher, anspruchslos an Böden, Auslichten alter Zweige nötig!
○	mittel bis schwer	dichtblütige Kleinsträucher, anspruchslos, Auslichten alter Zweige nötig!
○	mittel bis schwer	einfach bis gefüllt blühende Ziersträucher, Auslichten alter Zweige nötig!
○	mittel bis schwer	straff aufrecht wachsende Sträucher mit abblätternder Rinde, auffällige Blüte, Auslichten alter Zweige nötig!
○	leicht bis mittel	Großstrauch mit dornigen Zweigen, Blüte duftend, Früchte eßbar, für heiße, trockene Standorte
○–◑	leicht bis mittel	breitlagernder Strauch mit stark duftenden Blüten, eßbare Früchte
○–◑	mittel bis schwer	anspruchslos an Standort und Boden, sehr zahlreiche, hochrote Früchte, giftig!
○	leicht bis mittel	sparriger Strauch mit rotbraunen Zweigen, überreiche Blüte, früher Austrieb
○	leicht bis schwer	eines der schönsten Blütengehölze, Wuchs der verschiedenen Gartenformen beachten, Auslichten alter Zweige nötig!
○	leicht bis mittel	Kleinbaum mit großen, duftenden Blütenrispen, auch als Hausbaum brauchbar, liebt trockene, warme Böden und Standorte
○–◑	mittel bis schwer	waagrecht geschichteter, hoher Strauch, für kühle, frische Böden, Blüte sehr zahlreich, Fruchtbehang bis zum Frühjahr haftend
○–◑	leicht bis schwer	bogig wachsender Strauch mit großen, überhängenden Blütenrispen, anspruchslos

Freiwachsende Hecken

Kerrie	*Kerria japonica* 'Pleniflora'	bis 2	IV–V	gelb
Kolkwitzie	*Kolkwitzia amabilis*	2–3	V–VI	rosaweiß
Goldregen	*Laburnum × watereri* 'Vossii'	4–6	V–VI	gelb
Buschklee	*Lespedeza thunbergii*	bis 2	IX–X	lila
Liguster, Rainweide	*Ligustrum obtusifolium* var. *regelianum*	bis 2	VI–VII	weiß
Liguster, Rainweide	*Ligustrum ovalifolium*	2–4	VII	gelblich-weiß
Geißblatt, Heckenkirsche	*Lonicera maackii*	3–5	VI	gelb
Geißblatt, Heckenkirsche	*Lonicera tatarica* in Sorten	2–4	VI	weiß bis hellrot
Zieräpfel	*Malus* in Arten und Sorten	2–8	V–VI	weiß bis rot
Parrotie	*Parrotia persica*	6–8	III–IV	rot
Pfeifenstrauch, Falscher Jasmin	*Philadelphus coronarius*	2,5–3	V–VI	weiß
Pfeifenstrauch, Falscher Jasmin	*Philadelphus × lemoinei*	1–2	V–VI	weiß
Pfeifenstrauch, Falscher Jasmin	*Philadelphus × virginalis*	1–2,5	V–VI	weiß
Blasenspiere	*Physocarpus opulifolius*	2–3	VI–VII	weiß

Freiwachsende Hecken

○–◑	leicht bis schwer	nur rutenbildender Strauch mit auffallend grüner Rinde, Einzeltriebe kurzlebig, regelmäßiges Auslichten nötig!
○–◑	leicht bis schwer	langsam wachsender, prächtiger Blütenstrauch, anspruchslos
○	leicht bis schwer	raschwüchsiger Strauch, kalkliebend, duftende, bis 50 cm lange Blütentrauben, Giftpflanze!
○	leicht	bei uns meist nur halbstrauchig, jedoch reizender Spätherbstblüher mit überhängenden, langen Blütenrispen, Rückschnitt im Frühjahr
○–◑	leicht bis schwer	sommergrüner, breiter Strauch mit lilaroter Herbstfärbung, reiche Blüte, starker, schwarzer Fruchtbehang, giftig!
◑–●	leicht bis schwer	an günstigen Stellen wintergrüner Strauch, raschwüchsig, für schnelle Eingrünung, giftig!
○–◑	leicht bis schwer	breitausladender, sommergrüner Strauch, überreiche, wohlriechende Blüten, starker Fruchtbehang, giftig!
○–●	leicht bis schwer	dichter, aufrechter Strauch mit bläulichgrünem Laub, auffallende Blüte, roter Fruchtbehang, giftig!
○	mittel bis schwer	Sträucher bis Kleinbäume mit auffallendem Blüten- und Fruchtschmuck, Äpfel einiger Sorten verwertbar
○–◑	mittel bis schwer	breitausladender Strauch mit abblätternder Borke, wundervoller Herbstfärber
○–●	mittel bis schwer	stark duftender Blütenstrauch, sehr leicht Läusebefall!
○–◑	mittel bis schwer	mehr oder weniger duftende Blütensträucher, Auslichten alter Zweige nötig, leicht Läusebefall
○–◑	mittel bis schwer	stark duftend, steif aufrechter Wuchs, auslichten alter Zweige nötig, viele Gartenformen im Handel
○–●	leicht bis schwer	anspruchsloser, dichter Strauch, interessanter, rotbrauner Fruchtbehang

Freiwachsende Hecken

Fünffingerstrauch	*Potentilla fruticosa* in Sorten	bis 1,5	V–VIII	gelb bis weiß
Kirschpflaume	*Prunus cerasifera* in Sorten	4–8	III–IV	weißrosa
Zwergblutpflaume	*Prunus × cistena*	1,5–2	V	weiß
Zierkirschen	*Prunus sp.* z. B. – *serrulata* – *subhirtella*	2–6	IV–VI	weiß bis rosarot
Feuerdorn	*Pyracantha* Arten und Sorten	2–4	V–VI	weiß
Scheinkerrie	*Rhodotypos scandens*	1–2	V–VI	weiß
Goldjohannisbeere	*Ribes aureum*	1,5–2	IV–V	gelb
Blutjohannisbeere	*Ribes sanguineum* in Sorten	2–4	IV–V	rosarot
Wildrosen	*Rosa* in Arten und Formen	1–4	V–VIII	weiß, gelb, rot
Dufthimbeere	*Rubus odoratus*	1–2	VII–VIII	rosa
Kanadischer Holunder	*Sambucus canadensis* 'Maxima'	3–4	VI–VII	weiß
Fiederspiere	*Sorbaria aitchisonii*	2–3	VII–VIII	weiß
Fiederspiere	*Sorbaria sorbifolia*	bis 2	VI–VII	weiß
Eberesche	*Sorbus* in Arten und Formen	3–15	V–VI	weiß
Spiersträucher	*Spiraea* in Arten und Formen	1–2	V–VIII	weiß, rosa, rot

Freiwachsende Hecken

○	leicht bis mittel	anspruchslose Kleingehölze für warme, trockene Standorte und Böden, Füllgehölze für freiwachsende Hecken
○–◑	mittel bis schwer	bekannte »Blutpflaume« mit auffallend dunkelrotem bis schwarzrotem Laub, eßbare Früchte, großfruchtige Sorte: 'Hollywood'
○–◑	mittel bis schwer	dunkelbraunrotes Laub an hellroten Zweigen, Früchte klein, schwarzpurpur
○	mittel bis schwer	vielgestaltige, reichblühende Kleinbäume mit zum Teil ausgezeichneter Herbstfärbung, ausgezeichnete Treibgehölze für Barbarazweige
◑–●	mittel bis schwer	immergrüne, bewehrte Sträucher mit unterschiedlich ausgefärbtem, starkem Fruchtbehang, Fruchtfarbe gelb bis leuchtend rot
○–◑	leicht bis schwer	anspruchsloser Füllstrauch mit langhaftenden glänzend schwarzen Früchten
○–●	leicht bis schwer	duftende Blütentrauben, purpurbraune bis schwarze, eßbare Früchte, Veredlungsunterlage für Johannis- und Stachelbeerhochstämmchen
○–◑	leicht bis schwer	stark blühendes Ziergehölz, Auslichten alter Zweige nötig
○–◑	leicht bis schwer	große Artenvielfalt, durch Blüte, Frucht und Bestachelung zierend, Vogelschutzgehölze
◑–●	leicht bis mittel	Ausläufer treibender Strauch mit duftenden Blüten, selten Fruchtbehang
○–●	leicht bis mittel	Ausläufer treibender, starkwüchsiger Strauch, Blütendolden bis 40 cm breit, purpurschwarze Früchte
○–◑	mittel bis schwer	nicht ausläufertreibende Form, Blüten in langen Rispen, tiefgründige, frische Böden
○–●	mittel bis schwer	stark ausläufertreibend, sehr früher Austrieb (Februar bis März), nur zur Unterpflanzung von Großgehölzen zu empfehlen
○	leicht bis schwer	große Artenvielfalt, unterschiedlichste Formen in Frucht und Belaubung, Früchte eßbar
○–◑	leicht bis schwer	sehr viele Arten und Sorten im Handel, auf Wuchsformen achten!

Freiwachsende Hecken

Pimpernuß	*Staphlea colchica*	3–4	V–VI	weiß
Kranzspiere	*Stephanandra incisa*	1–2	VI	grünlich-weiß
Stranvaesie	*Stranvaesia davidiana*	2–3	VI	weiß
Schneebeere	*Symphoricarpos albus* var. *laevigatus*	bis 2	VI–IX	rötlich-weiß
Schneebeere	*Symphoricarpos × chenaultii*	1,5–2	VI–VII	rosa
Korallenbeere	*Symphoricarpos orbiculatus*	1–2	VII–VIII	weiß–rosa
Wildflieder	*Syringa* in Arten und Formen	1–5	V–VII	weiß, rosa, rot, lila
Tamariske	*Tamarix parviflora*	3–4	V	rosa
Tamariske	*Tamarix pentandra*	3–5	VIII–IX	rosarot
Schneeball	*Viburnum* in Arten und Formen	1,5–4	XI–VI	weiß, rosa
Weigelie	*Weigela* Gartenformen	1–3	V–VII	weiß, rosa, rot

Freiwachsende Hecken

○–◑	mittel bis schwer	angenehm duftende Blüten, eigenartig aufgeblasene Fruchtkapseln
○–◑	leicht bis mittel	bogig überhängender Wuchs, lebhaft rotbraune Rinde
◑–●	leicht bis mittel	immergrüner Strauch, leuchtend rote Fruchtdolden im Herbst, lang haftend, bevorzugt neutrale bis schwach saure Böden
○–●	leicht bis schwer	überreicher, weißer Beerenschmuck, besonders zur Unterpflanzung geeignet
○–●	leicht bis schwer	kugelige, rote Früchte mit weißen Punkten, besonders zur Unterpflanzung geeignet
○–●	leicht bis schwer	kugelige, purpurrote Früchte bis in den Winter haftend, späte Bienenweide
○–◑	mittel bis schwer	große Artenvielfalt, ausgezeichnete Sichtschutzsträucher, auf Form und Wuchs achten!
○	leicht bis mittel	schuppenähnliche Belaubung, Wirkung durch Blüte und Rindenfarbe, beim Pflanzen starker Rückschnitt erforderlich
○	leicht bis mittel	schönste und wertvollste Art durch späte Blüte, beim Pflanzen starker Rückschnitt erforderlich
○–●	mittel bis schwer	sehr große Artenvielfalt, sommer-, winter- und immergrüne Formen mit z. T. stark duftenden Blüten, aufrechte Formen gut als Sichtschutz geeignet, z. T. prächtige Herbstfärbung
○–◑	mittel bis schwer	anspruchslose Blütengehölze, sehr langlebig, bis ins hohe Alter verpflanzbar, auslichten alter Zweige nötig!

Oben rechts: Hundsrose 'van Kiese'

Oben links: Goldregen

Unten: Tamariske

Geschnittene Hecken als Einfassungen

Die geschnittene Hecke hat in der Natur kein Leitbild wie etwa die freiwachsenden, mehrschichtig aufgebauten Hecken. Es handelt sich hier um eine vom Menschen durch besondere Kulturmaßnahmen, wie z. B. den regelmäßigen Rückschnitt, künstlich herbeigeführte Wuchsform der Pflanzen.
Die geschnittene Hecke hatte ursprünglich vor allem architektonische Bedeutung, wenn man an die klassische Gartenkunst denkt. Bei der Ausgestaltung von Blickachsen und Gartenräumen störte die freie Wuchsform von Bäumen und Sträuchern. Deshalb zwang man sie in geometrische Formen.
Heute und zukünftig hat die geschnittene Hecke dort, vor allem in Wohngärten, eine große Bedeutung, wo auf engstem Raum Windschutz und Sichtschutz gefordert sind. Bei den infolge der Baulandpreisentwicklung immer kleiner werdenden Grundstücken kann die freiwachsende Hecke solche Aufgaben nicht erfüllen.
Als Alternative zu Mauern oder anderen technischen Lösungen bietet hier die geschnittene Hecke große Vorteile. Einmal ist ihre Höhe den jeweiligen Verhältnissen sehr gut anzupassen oder sogar zu verändern, zum anderen ist keine Baugenehmigung erforderlich und die vorgeschriebenen Grenzabstände sind

Niedrige Hecken des roten Zwergspierstrauches und der Alpenjohannisbeere.

durch Begrenzung der Wuchshöhe ebenfalls leicht einzuhalten.
Gegenüber baulichen Strukturen hat sie zudem noch den Vorteil, daß es sich trotz geometrisch festgelegter Form noch immer um lebendige Pflanzen mit einer gewissen Wandlungsfähigkeit durch Blatt, Farbe, Blüte oder Frucht handelt, die die Erlebnisqualität eines Gartenraumes wesentlich beeinflußt. Zusätzlich bieten auch geschnittene Hekken für viele Tiere Nahrung, Brutplatz und Unterschlupf. Ein Grund mehr, weshalb in den Gärten trotz höherer Pflegeaufwendungen die Schnitthecke sehr beliebt ist.

Dieser stimmungsvolle Gartenhof ist auf die Umfassung mit der Hecke angewiesen. Besonders bei der Gestaltung kleiner und sehr kleiner Grundstücke ist die Schnitthecke unentbehrlich.

Pflanzenauswahl

Aus der Fülle der Gehölze sind nur relativ wenige Arten für regelmäßig geschnittene Hecken geeignet. Für diesen Zweck müssen sie eine hohe Regenerationsfähigkeit besitzen, weil sie nach dem Schnitt möglichst rasch neue Knospen und Triebe bilden müssen. Der Wuchs darf aber auch nicht zu stark sein, um übermäßige Schnittarbeit zu vermeiden. Eine Auswahl der wichtigsten, geeigneten Arten und Sorten enthält die Tabelle 10 (S. 76).

Es ist notwendig, für die jeweils gewünschte Heckenhöhe Pflanzenarten mit entsprechender Wuchsstärke auszuwählen. In der Tabelle ist für jede Pflanzenart die jeweils günstige Heckenhöhe angegeben. Je höher die Hecke später werden soll, desto größer muß die Wuchsstärke der Pflanzenart sein.

Als grobe Regel könnte man sagen, daß für Heckenhöhen von ca. 2 m und darüber, baumartige Gehölze und Großsträucher z. B. Hainbuche und Feldahorn verwendet werden sollten. Weniger stark wachsende Sträucher sind für Heckengrößen von ca. 1–2 m geeignet z. B. Rainweide; bei Hecken unter 1 m Höhe sind vorwiegend Zwergsträucher z. B. Arten der Spiere, des Fünffin-

gerstrauchs und der Zwergrainweide angebracht.
Wenn die Wuchsstärke der ausgewählten Art zu gering ist, wird die gewünschte Höhe und Dichte der Hecke nicht erreicht; bei im Vergleich zur Heckengröße zu hoher Wuchskraft leidet die Alterungsfähigkeit der Hecke und gleichzeitig ist der Aufwand für die Schnittmaßnahmen sehr hoch.

Pflanzenbedarf und Qualität
Im Gegensatz zu freiwachsenden Pflanzungen muß bei geschnittenen Hecken relativ dicht gepflanzt werden, weil die Pflanzen durch die Schnittmaßnahmen wesentlich kleiner bleiben als bei natürlicher Entwicklung. Es kann davon ausgegangen werden, daß bei baumartigen Gehölzen 1–2, bei großen Sträuchern ca. 2–3 und bei kleinen Sträuchern ca. 5–10 Stück je m Heckenlänge erforderlich sind, wenn man eine einreihige Pflanzung zugrunde legt. Dies ist allerdings auch im Zusammenhang mit der Qualität und Größe des Pflanzengutes zu sehen. Je größer das Pflanzenmaterial, desto geringer die Anzahl der benötigten Pflanzen. Neben den auf Seite 22 bereits dargestellten Pflanzenqualitäten wie Sträucher, Heister und Stammbüschen sind für die Anpflanzung von geschnittenen Hekken in den Baumschulen speziell angezogene Heckenpflanzen erhältlich. Gekennzeichnet sind diese mit dem Kurzzeichen »He«. Sie werden

»Fensteröffnungen« in hohen Hainbuchenhecken.

bereits während der Anzucht mehrmals gestutzt; sie sind dann bereits zum Zeitpunkt der Pflanzung ausreichend dicht und bieten damit erhebliche Vorteile. Die nachfolgenden Abkürzungen für Gehölzqualitäten sind gebräuchlich und wurden auch für die Tabelle 10 auf den nachfolgenden Seiten benutzt.

Abkürzung für Tabelle 10

He	=	Heckenpflanze
Str	=	Sträucher
Bü	=	Büsche
v	=	verpflanzt
mB	=	mit Ballen
Co	=	Container
Tr	=	Triebe

Tabelle 10 Ansprüche, Eigenschaften, Pflanzenbedarf und Pflanzgrößen von Gehölzen für geschnittene Hecken

Pflanzenart Deutscher Name	Botanischer Name	Günstige Heckenhöhe in cm	Pflanzenbedarf je m (einreihig)
Feldahorn	*Acer campestre*	200–400	2–3
Dreilappahorn	*Acer monspessulanum*	100–300	2–3
Sauerdorn	*Berberis aggregata*	50–100	4–5
Sauerdorn	*Berberis buxifolia* 'Nana'	bis 50	6–8
Sauerdorn	*Berberis julianae*	100–200	3–4
Sauerdorn	*Berberis thunbergii*	50–100	3–4
Sauerdorn	*Berberis thunbergii* 'Atropurpurea'	50–100	3–4
Sauerdorn	*Berberis thunbergii* 'Atropurpurea Nana'	bis 50	6–8
Sauerdorn	*Berberis wilsoniae* var. *subcaulialata*	50–100	3–4
Buchsbaum	*Buxus sempervirens* var. *arborescens*	100–200	3–4
Buchsbaum	*Buxus sempervirens* 'Handsworthiensis'	50–100	4–5
Buchsbaum	*Buxus sempervirens* 'Suffruticosa'	bis 50	10–15
Hainbuche	*Carpinus betulus*	100–400	2–3
Hainbuche	*Carpinus betulus* 'Fastigiata'	100–300	2–3
Kornelkirsche	*Cornus mas*	100–200	3–4
Weißdorn	*Crataegus coccinea*	100–200	2–3

Stand: ○=volle Sonne, ◑=Halbschatten, ●=Schatten, Abkürzungen s. S. 75

Qualität, günstige Pflanzengröße in cm	Stand	Bemerkungen
He 2×v 80–100	○–●	Herbstfärbung, kalkliebend
He 2×v 80–100	○	Herbstfärbung, kalkliebend, sehr dichter Wuchs, für warme Standorte
Str 2×v 40–60	○–◑	gelbe Blüte, rote Früchte lang haftend, selten im Handel
Str 2×v 25–30	◑–●	für immergrüne Einfassungshecken
Str 2×v 60–80	◑–●	Immergrün, gut frosthart, in der Sonne schöne Winterfärbung, blaue Früchte
Str 2×v 60–80	○–◑	gelbe Blüte, leuchtend rote Früchte, gelb bis orangefarbene Herbstfärbung
Str 2×v 60–80	○–◑	auffallend dunkelrotes Laub, im Schatten vergrünend, hellrote Herbstfärbung
Str 2×v 25–30	○–◑	als rotlaubige Einfassung brauchbar
Str 2×v 40–60	○–◑	sehr dichttriebig, scharlachrote Herbstfärbung, leuchtend gelbrote Früchte
He 2×v mB 30–40	○–●	immergrün, anspruchslos, Schnitt erst nach Mitte Mai
Bü 3×v mB 40–60	○–●	sehr gute Winterhärte, Schnitt erst nach Mitte Mai
Bü 1×v 10–15	○–●	anspruchslos, bekannte Einfassungspflanze
He 2×v 100–125	○–●	anspruchslos, kalkliebend, Laub haftet teilweise bis zum Neuaustrieb
Bü 3×v mB 100–125	○–●	für schmale Hecken geeignet, gelbbraune Herbstfärbung
Bü 2×v 40–60	○–◑	kalkliebend, gelbe Blüte im März–April, eßbare Früchte
Bü 2×v 60–100	○–◑	sehr starke Bewehrung, resistent gegen Rost, scharlachrote Früchte

Schnitthecken

Weißdorn	*Crataegus × prunifolia*	100–200	2–3
Weißdorn	*Crataegus laevigata*	100–200	2–3
Weißdorn	*Crataegus monogyna*	100–300	2–3
Rotbuche	*Fagus sylvatica*	200–400	2–3
Stechpalme	*Ilex aquifolium*	100–200	2–3
Stechpalme	*Ilex aquifolium* 'Alaska'	100–200	2–3
Stechpalme	*Ilex aquifolium* 'Pyramidalis'	100–200	2–3
Liguster, Rainweide	*Ligustrum ovalifolium*	50–200	3–4
Liguster, Rainweide	*Ligustrum vulgare* 'Atrovirens'	50–200	3–4
Liguster, Rainweide	*Ligustrum vulgare* 'Atrovirens Compact'	50–100	4–5
Liguster, Rainweide	*Ligustrum vulgare* 'Lodense'	bis 50	4–5
Heckenkirsche	*Lonicera caerulea*	50–200	3–4
Heckenkirsche	*Lonicera xylosteum* 'Clavey's Dwarf'	50–100	3–4
Fünffingerstrauch	*Potentilla fruticosa* in hohen Sorten	50–100	3–4
Lorbeer-Kirsche	*Prunus laurocerasus* 'Herbergii'	50–150	3–4
Feuerdorn	*Pyracantha* in Arten und Sorten	100–200	2–3
Alpenjohannisbeere	*Ribes alpinum* 'Schmidt'	50–100	3–4
Spierstrauch	*Spiraea × arguta*	50–100	3–4

Bü 2 × v 60–100	○–◑	starke Bewehrung, krankheitsresistent, scharlachrote Beeren, rote Herbstfärbung
Bü 2 × v 60–100	○–◑	häufig Befall von Rost
Bü 2 × v 60–100	○–◑	alle Weißdornarten sind ausgezeichnete Vogelschutzgehölze!
He 2 × v 100–125	◑–●	goldbraune Herbstfärbung, liebt tiefgründige Kalkböden
Bü 2 × v mB 60–80	◑–●	dichte, immergrüne Hecken, nur für frische Böden, giftige Beeren
Bü 2 × v mB 60–80	◑–●	besonders schmaler Wuchs, sehr reichfruchtend
Bü 2 × v mB 60–80	◑–●	schmal, aufrechter Wuchs, besonders starker Fruchtansatz
Str 2 × v 5–7 Tr 60–100	◑–●	wintergrün, für geschützte Lagen, giftige Beeren
Str 2 × v 5–7 Tr 60–100	○–◑	wintergrün, unempfindlich, giftige Beeren
Str 2 × v 5–7 Tr 40–60	○–◑	wintergrün, unempfindlich, giftige Beeren
Str 2 × v 30–40	○–◑	zum Teil wintergrün mit rötlichem Laub, kaum fruchtend
Str 2 × v 40–60	◑–●	raschwüchsig, rotbraune Rinde, früh austreibend, giftige Beeren
Str 2 × v 40–60	◑–●	anspruchslos, salzverträglich, giftige Beeren
Str 2 × v 30–40	○	Sommerblüher, gelb bis weiße Blütenfarben, für trockene Standorte
Bü 2 × v mB 40–60	◑–●	immergrün, weiße Blütenkerzen, schwarze, giftige Beeren, frische Böden
Bü 2 × v Co 40–60	◑–●	schorfresistente Sorten bevorzugt, Fruchtschmuck, immergrün, Vogelschutzgehölz
Str 2 × v 5–7 Tr 30–40	◑–●	kalkhaltige, nährstoffreiche Böden, früher Austrieb
Str 2 × v 40–60	○–◑	trockenheitsresistent, unangenehmer Blütenduft

Schnitthecken

Spierstrauch	*Spiraea* × *bumalda* in Sorten	50–100	3–4
Spierstrauch	*Spiraea* × *cinerea* 'Grefsheim'	50–100	3–4
Spierstrauch	*Spiraea japonica* 'Little Princess'	bis 50	4–5
Spierstrauch	*Spiraea* × *vanhouttei*	100–150	3–4
Winterlinde	*Tilia cordata*	200–400	2–3
Scheinzypresse	*Chamaecyparis lawsoniana* in Sorten	100–200	2–3–4
Bastardzypresse	*Chamaecyparis* × *Cupresso-cyparis leylandii* in Sorten	200–300	2–3
Europäische Lärche	*Larix decidua*	200–300	2–3
Japanische Lärche	*Larix kaempferi*	200–300	2–3
Fichte	*Picea abies*	200–300	2–3
Serbische Fichte	*Picea omorika*	100–300	2–3
Eiben	*Taxus baccata* und *Taxus media* in Formen	100–200	2–3–4
Lebensbaum	*Thuja occidentalis* *Thuja plicata* in Formen	100–300	2–3–4

Str 2 × v 30–40	○–◑	verlangt kultivierten Boden, auffallender Blütenschmuck
Str 2 × v 40–60	○–◑	anspruchslos, nicht verkahlend, sehr reiche, weiße Blüte
Str 2 × v 20–30	○–◑	verlangt kultivierten Boden, sehr reiche, lilarosafarbige Blüte
Str 2 × v 40–60	○–◑	im Schatten Blattlausbefall und lichter Wuchs, anspruchslos
He 2 × v 125–150	○–◑	alte Heckenpflanze, häufig Befall von Sternrußtau
mB 40–60–80	○	bevorzugen frische Böden und hohe Luftfeuchte
mB 80–100	○–◑	nur für hohe Hecken, nicht überall hart genug
mB 80–100	○	leuchtend gelbe Herbstfärbung, häufig Wollausbefall
mB 80–100	○	schöne, blaugrüne Benadlung, gelbbraune Herbstfärbung, liebt hohe Boden- und Luftfeuchte
mB 60–80–100	○	für kalkarme, saure Böden, liebt hohe Boden- und Luftfeuchte
mB 60–80–100	○	liebt tiefgründige, frische Böden, oft Magnesiummangel, krankheitsresistent
mB 40–60–80	◑–●	liebt tiefgründige, frische Böden, Giftpflanze!
mB 40–60–80–100	○	unterschiedliche Winterfärbung bei den Sorten, »Thujengeruch«

Schnitthecken

Bodenvorbereitung und Pflanzung
Der Bodenvorbereitung kommt bei geschnittenen Hecken eine besondere Bedeutung zu. Der geringe Pflanzabstand verursacht eine starke Konkurrenz um Licht, Wasser und Nährstoffe. Hinzu kommt, daß durch den Schnitt dauernd Verluste an Nährstoffen auftreten.
Vor der Pflanzung hebt man einen Pflanzgraben aus (vergl. Schema 3, S. 82). Dazu wird ein Spatenstich tief der Oberboden abgetragen und seitlich gelagert. Die darunter liegende Schicht wird umgegraben. Der anfangs abgetragene Oberboden wird nun mit Bodenverbesserungsmitteln versetzt. Bindige Böden sollte man zu je einem Drittel mit gut abgelagertem Kompost mischen. Sandige Böden werden mit je einem Drittel Kompost und Torf oder Rinde verbessert.
Die Pflanzen werden dann in den Pflanzgraben gestellt und der vorbereitete Oberboden eingefüllt. Bei Pflanzen mit Ballen ist das Ballentuch am Wurzelhals zu lösen, um spätere Einschnürungen zu vermeiden. Der Boden ist im Wurzelbereich anzutreten und anschließend gut zu wässern.

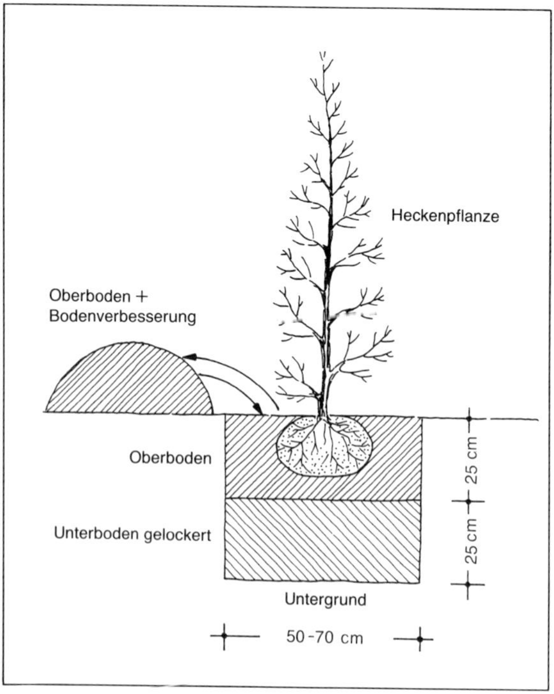

Links: Schematische Darstellung der Pflanzung geschnittener Hecken in einen Pflanzgraben, bei dem Unterbodenlockerung und Oberbodenverbesserung erforderlich sind.

Rechts: Nur bei Gehölzen mit geringem Lichtanspruch kann der Heckenschnitt ohne Anlauf erfolgen. Vor allem bei höheren Hecken bleiben die unteren Partien beim Schnitt mit beidseitigem Anlauf wesentlich dichter.

Heckenschnitt
Gehölze aus herkömmlicher Anzucht werden etwa 2 Jahre lediglich gestutzt, damit sich ein dichtes Zweigwerk bildet: Es reicht, wenn jeweils die Mittel- und Seitentriebe der Zweige vor dem Austreiben zur Hälfte eingekürzt werden. Falls die Heckenhöhe nach der Pflanzung noch nicht erreicht ist, wird der Mitteltrieb zunächst nicht geschnitten, bis die gewünschte Höhe vorhanden ist.
Für den 1. Schnitt sollte man sich ein Gerüst aus Holzlatten, eine sogenannte Lehre herstellen. Ähnlich wie beim Bau von Mauern werden an dem Lattengerüst Schnüre oder Drähte gespannt, die bei der Durchführung der Schnittarbeit als Orientierung dienen. Um zu verhindern, daß die Hecken später im unteren Teil infolge Lichtmangels verkahlen, sollte die Hecke an der Basis über dem Boden breiter sein als an der Krone. Üblicherweise, wird die Heckenwand ca. 5–10% aus der Senkrechten nach Innen geneigt (vergl. Schema 2, S. 83). Dadurch kommen die unteren Zweige der Hecke zu einem höheren Lichtgenuß und die Oberfläche erhält eine gleichmä-

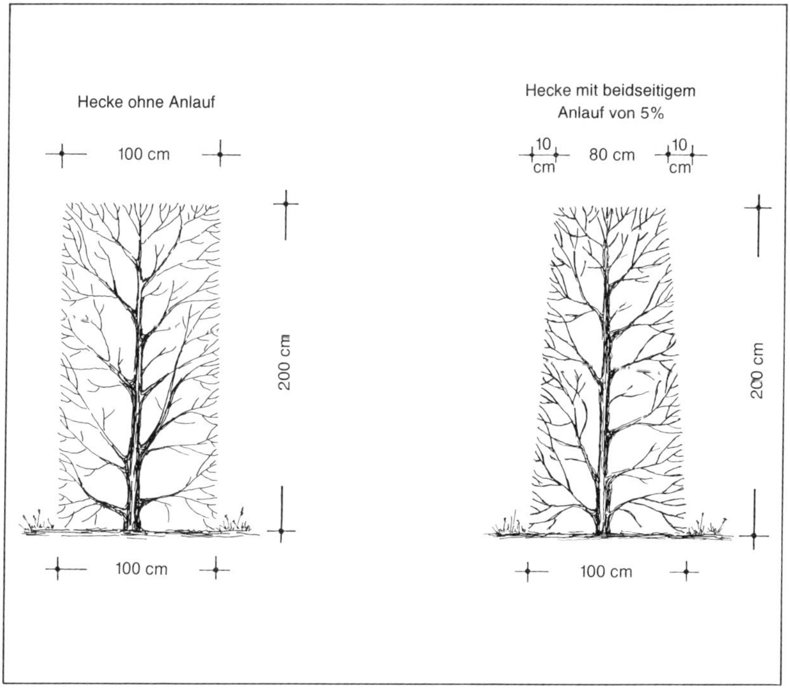

Schnitthecken

Solche Holzlehren erleichtern vor allem die Durchführung des ersten Schnittes. Aber auch bei den nachfolgenden Pflegegängen sind sie wertvolle Hilfen.

Gute Schnittqualität und Arbeitserleichterung sind durch den Einsatz elektrischer Heckenscheren erreichbar. Auch hier wird eine Holzlehre verwendet.

ßige, dichte Struktur ohne Lücken oder Fehlstellen durch abgestorbene Äste. Bei einigen Arten z. B. Hainbuche und Feldahorn ist auch ein Schnittprofil mit senkrechten Wänden möglich, weil der Lichtanspruch vergleichsweise gering und die Regenerationsfähigkeit der Pflanzen sehr groß ist.

Schnittzeitpunkt

Im Regelfall reicht es aus, wenn Hecken einmal im Jahr geschnitten werden. Der Schnitt nicht frostgefährdeter Arten kann sowohl im Herbst als auch im Frühjahr erfolgen. Empfindliche Arten wie Buchs *(Buxus sempervirens)*, Japanischer Liguster *(Ligustrum ovalifolium)* und Blaue Heckenkirsche *(Lonicera caerulea)* sollten erst im Frühjahr nach den letzten Spätfrösten geschnitten werden, um Schäden an den Jungtrieben zu vermeiden. Ein zweimaliger Schnitt erscheint nur bei besonders hohen Anforderungen gerechtfertigt oder dann, wenn die gewünschte Heckenhöhe bei der gewählten Pflanzenart zu gering ist. In diesem Fall wird der 2. Schnitt Mitte bis Ende Juni durchgeführt, um ein Ausreifen der neuen Triebe im Herbst zu gewährleisten.
Der jährlich neu durchzuführende Heckenschnitt wird auf der Höhe des 1. Schnittes durchgeführt. Bei der Arbeit mit der Heckenschere kann man sich deshalb an den deutlich erkennbaren Jahresschnittstellen des vorherigen Jahres orientieren und auf die erneute Anlage eines Lattengerüstes mit Drahtspannung verzichten.
Für ungeübte Heckenfreunde erleichtert allerdings auch in diesem Fall das Spannen eines Drahtes oder einer Schnur die Arbeit und verbessert die Gleichmäßigkeit der Schnittführung.

Verspielte Ornamente und exakte Formen ▷ ermöglicht der Einfassungsbuchsbaum.

Schnitthecken

Regeneration von Schnitthecken
Es kommt immer wieder vor, daß Hecken durch unsachgemäße oder unterlassene Pflege durchwachsen. Manchmal soll auch eine bereits vorhandene Hecke in der Höhe zurückgenommen werden. Dies bereitet erfahrungsgemäß keine Probleme, wenn man einige Regeln beachtet. So sollte man solche vernachlässigten Hecken nicht mehr als etwa ein Drittel in der Höhe und Breite zurücknehmen, damit die Pflanzen wieder von innen heraus neue Triebe bilden können. Dazu kann man einfach wie bei dem 1. Schnitt beschrieben, eine Lehre herstellen und alle darüber hinausragenden Triebe mit Rosenschere oder Säge abschneiden. Damit die Schnur überhaupt zu spannen ist, muß erst eine »Schneise« freigeschnitten werden. Die Schnittstellen dickerer Zweige ab ca. 3 cm Durchmesser sind zweckmäßigerweise mit Baumwachs zu verschließen, nachdem sie mit dem Messer nachgeglättet wurden.

Probleme bei Schnitthecken an der Grenze ergeben sich in Verbindung mit Zäunen. Falls der Zaun vollständig frei bleiben soll, muß nach Erreichen der Heckenbreite noch mindestens 50 cm Abstand für die Schnittarbeit vorhanden sein. In vielen Fällen kann die Hecke durch den Zaun wachsen und dann von außen geschnitten werden. Auf unserem Bild ist der untere Heckenteil nur mühsam durch den Zaun zu pflegen.

Eine stärkere Einkürzung als ein Drittel der vorhandenen Höhe und Breite vertragen nur sehr regenerationsfähige Arten wie Hainbuche, Feldahorn und Liguster. Besser ist es jedoch, in solchen Fällen einen gestaffelten Rückschnitt durchzuführen. Dazu werden im 1. Jahr der Zurücknahme lediglich die stärkeren Äste auf die zukünftige Oberfläche der Hecke zurückgeschnitten. Die verbleibenden Seitentriebe und die neu gebildeten Zweige werden im darauffolgenden Jahr mit einem herkömmlichen Heckenschnitt eingekürzt. Da erfahrungsgemäß dann ein sehr kräftiges Längenwachstum der Neutriebe einsetzt, empfiehlt es sich, im Verlauf der ersten Jahre nach der Regeneration neben dem Herbst- oder Frühjahrsschnitt einen Sommerschnitt im Juni durchzuführen, damit die Bildung von seitlichen Kurztrieben gefördert wird. Auch immergrüne Hecken können regeneriert werden. Bei der Fichte ist dies jedoch nicht möglich, weil sie nur aus benadelten Zweigen austreiben kann.

Beseitigung von Fehlstellen

Unsachgemäße Anwendung von Pflanzenschutzmitteln, Überdüngung oder mechanische Einwirkungen führen oft zu Fehlstellen, vor allem in geschnittenen Hecken. Diese Fehlstellen können durch den Ausfall ganzer Pflanzen oder durch das Absterben einzelner Äste hervorgerufen werden.

Wenn ganze Pflanzen ausgefallen sind, wird im Regelfall nur die Neupflanzung von Gehölzen zum Erfolg führen. Falls es wie z. B. bei Hainbuche, Feldahorn und Eibe baumschulmäßig herangezogene Heckenpflanzen gibt, kann man diese in der Größe der Hecke nachpflanzen. Bei anderen Arten sollten Stammbüsche, Heister mit Ballen oder Solitärpflanzen beschafft werden, die man sehr gut für die Fehlstelle formieren kann. Zu kleine Pflanzen führen kaum zum Erfolg, weil die Konkurrenz der Wurzeln und Triebe der Hecke selbst ein zügiges Höhenwachstum der Nachpflanzung stark hemmt. Eine kräftige Düngung im Bereich der Neupflanzung und sorgfältige Bodenpflege sind Grundlage für ein rasches Schließen der Lücke.

Falls der Ausfall der Pflanzen durch Überdüngung, Bodenherbizide oder andere pflanzenschädigende Stoffe hervorgerufen wurde, ist auf jeden Fall ein vollständiger Bodenaustausch vor der Pflanzung durchzuführen.

Kleinere Öffnungen in der Hecke lassen sich dadurch beseitigen, daß benachbarte Astpartien durch Anbinden in die Lücke gezogen werden, so daß die zukünftigen Triebe die Lücke ausfüllen können. Man kann auch vor Durchführung des Schnittes im Frühjahr einjährige Zweige in die Lücke einbinden. Dies führt allerdings nur bei sehr kleinen Fehlstellen zum Erfolg.

Schnitthecken

Werkzeuge für den Heckenschnitt
Richtiges Werkzeug ist die halbe Arbeit. Deshalb sollte man für den Heckenschnitt nur bestes Material verwenden. Hier einige Mark zu sparen, ist sicher falsch.
Für kleinere Gärten ist eine ganz normale zweischneidige Heckenschere mit langen Klingen ausreichend. Mit ihr können allerdings nur relativ dünne Zweige sauber und glatt geschnitten werden. Wichtig ist, daß die beiden Klingen stets eng zusammenstehen, damit beim Schneiden keine Quetschungen an den Schnittstellen der Zweige entstehen. Von Zeit zu Zeit sollte man die Klingen mit einem Abziehstein nachschärfen.
Eine Astschere ist notwendig bei der Regeneration von Schnitthekken sowie beim Verjüngen von freiwachsenden Hecken. Hier müssen oft dickere Zweige entfernt werden. Durch die kräftige, hebelartige Übersetzung der Schneidwerkzeuge ist der Schnitt ohne großen Kraftaufwand möglich.
Große Erleichterung besonders bei größeren Hecken bringen Heckenscheren mit elektrischem Antrieb. Die Arbeit mit ihnen ist allerdings nicht ganz ungefährlich. Es muß immer auf das Elektrokabel geachtet werden, damit es bei der Schnittarbeit nicht durchgetrennt wird.
Wenn höhere Hecken zu schneiden sind, darf nicht von einer Leiter aus gearbeitet werden, da dies zu bösen Unfällen führen kann.
Für die Arbeit im Garten reichen meist Gerüste aus Holzböcken und Bohlen aus, die beim Schnitt umgestellt werden.
Für höhere Hecken sind Arbeitsbühnen sehr praktisch; allerdings sind sie für den Heckenschnitt im Garten sehr aufwendig.

Bewährte Geräte für den Heckenschnitt. Von links nach rechts: Rosenschere, Astsäge, manuelle Heckenschere, schwere Astschere, elektrische Heckenschere.

Der grüne Wall einer Liguster-Schnitthecke schützt den Gartenraum dieses Hauses und sorgt so trotz ungünstiger Straßenlage für weitgehend ungestörte Gartennutzung.

Bodenpflege und Düngung

Vor allem in den ersten Jahren nach der Pflanzung sollte der Boden im Wurzelbereich offen, d. h. unkrautfrei gehalten werden. Auch das Abdecken mit Mulchstoffen wie Torf oder Rindenkompost hat sich bewährt.

Zur Versorgung der Heckenpflanzung mit Nährstoffen ist das Einarbeiten von ca. 12 g N, 12 g P und 20 g K je m Hecke im Jahr ausreichend, wobei die Düngung in mehreren Gaben im Herbst und Frühjahr erfolgen muß. Die in den Tabellen mit »anspruchslos« bezeichneten Arten kommen auch mit einem Drittel der Düngermenge aus. Bei den mineralischen Handelsdüngern entspricht dies z. B. etwa 100 g Nitrophoska/m Hecke. Wenn ein organischer Volldünger, z. B. Hornoska verwendet wird, benötigt man etwa die doppelte Menge. Es ist zu beachten, daß der Boden zum Zeitpunkt der Düngung feucht ist, weil es sonst zu Verbrennungen kommen kann. Nach Erreichen der gewünschten Wuchshöhe kann die Düngung auf die Hälfte verringert werden oder ganz entfallen. Selbstverständlich ist dabei die Leistungsfähigkeit der verschiedenen Böden zu berücksichtigen.

Ungeschnittene Hecken

Blütenhecke des weißen Spierstrauches.

Ungeschnittene Hecken aus einer einzigen Pflanzenart

Der Schnitt als Pflegemaßnahme sorgt zwar einerseits dafür, daß die Heckenwände sehr dicht werden und auf engstem Raum eine intensive Schutzfunktion erfüllen. Ungünstig dabei ist, daß dieser Schnitt selbst einen gewissen, regelmäßig neu zu erbringenden Arbeitsaufwand erfordert. Hinzu kommt, daß die meisten Gehölzarten bei regelmäßigem Schnitt der einjährigen Triebe nur wenig oder keine Blüten und Früchte ansetzen. Es liegt deshalb nahe, Hecken zu pflanzen, die auch ohne Rückschnitt ausreichend dicht werden. Bei den freiwachsenden Hecken, die aus vielen verschiedenen Pflanzenarten bestehen, erreicht man dies durch den Schichtaufbau (Schema 1, S. 9). Hier werden durch die Vergemeinschaftung ausreichend dichte Wände erzielt; allerdings ist dies nur auf reichlich breiten Pflanzflächen möglich.

Ungeschnittene Hecken, die nur aus 1 Pflanzenart bestehen, sind nur möglich, wenn die verwendete Pflanzenart von Natur aus eine dichte Struktur aufweist. Zusätzlich ist es günstig, wenn es sich um Pflanzen handelt, die relativ langsam wachsen, damit sie nicht zu rasch von unten her verkahlen. Diese ungeschnittenen Hecken benötigen zwar mehr Platz als geschnittene, dafür leisten sie bezüglich Blüten- und Fruchtbehang erheblich mehr. Außerdem wirken sie vor allem in Verbindung mit anderen Pflanzungen weniger streng und sind leichter in das Gesamtbild des Gartens zu integrieren.

Der niedrige Spierstrauch *Spiraea × bumalda* 'Anthony Waterer' eignet sich besonders für blühende Einfassungen.

Besonders wertvoll ist diese Form als ungeschnittene Einfassung. Wenn es darum geht, im Vorgartenbereich ungebetene Gäste wie Fußgänger oder Hunde abzuwehren, sind sie manchmal wirkungsvoller als ein Zaun oder eine niedrige Mauer; z. B. wenn Pflanzen mit Dornen oder Stacheln verwendet werden.

Ungeschnittene Hecken

Auch bei niedrigen Einfassungen von Stauden- und Rosenbeeten oder der Begrenzung von Wegen bieten sich diese Pflanzungen an, wobei natürlich nicht unbedingt stachelige Arten notwendig sind.
Für Sichtschutzhecken mit höher werdenden Gehölzen sind solche ungeschnittenen Hecken nicht in dem Maße zu empfehlen, weil sie dann auch viel Platz benötigen, oft von unten verkahlen und oben nicht ausreichend dicht werden. In diesen Fällen sollte die Schnitthecke bevorzugt werden.

Pflanzung und Pflege
Die Bodenvorbereitung und Pflanzung ist identisch mit der von Schnitthecken (S. 82). In der Pflege unterscheidet sie sich jedoch grundlegend. So wird diese Hecke grundsätzlich nicht flächig geschnitten.
Nach der Pflanzung sollte man in den ersten Jahren bei den schwachwachsenden Arten auf jeden Schnitt verzichten, z. B. bei niedrigen Berberitzen. Stärker wachsende Arten wie Goldglöckchen und Kolkwitzie werden in die-

Blütenhecken aus Blutjohannisbeersträuchern müssen im Abstand von einigen Jahren verjüngt werden, damit sie nicht von unten her verkahlen.

ser Zeit einige Male durch Entfernen des Mitteltriebes und der längsten Seitentriebe im zeitigen Frühjahr gestutzt.
Weitere Schnittmaßnahmen werden erst erforderlich, wenn es zu Verkahlungen und zum Nachlassen der Blühfähigkeit kommt. In diesem Fall werden die alten Triebe möglichst kurz über dem Boden herausgenommen. Solche Verjüngungsschnitte sind nur im Abstand von mehreren Jahren notwendig. Der Habitus der Hecke ist dabei zu erhalten, und gleichzeitig kann die Höhe und Breite der Hecke entsprechend vermindert werden. Häufig ist der Fehler zu beobachten, daß bei diesen Schnitten die Sträucher nur auf die Hälfte eingekürzt werden. Dies verursacht dann oft starke, besenartige Neutriebe, die das natürliche Aussehen der Pflanzen negativ verändern.
Eine Zusammenstellung von Gehölzen für ungeschnittene Hecken enthält die Tabelle 11 (S. 94). Für den jeweiligen Standort können Artenauswahl, Pflanzenbedarf und gängige Pflanzgrößen entnommen werden.

Der Verjüngungsschnitt bei Forsythien sollte erst nach Beendigung der Blüte im Frühjahr erfolgen.

Ungeschnittene Hecken

Tabelle 11 Ansprüche und Eigenschaften von Gehölzen für ungeschnittene Hecken

Pflanzenart Deutscher Name	Botanischer Name	Wuchshöhe in m	Blütezeit	Blütenfarbe
Sauerdorn	*Berberis* in Arten und Formen	0,5–1,5	V–VI	gelborange
Buchsbaum	*Buxus sempervirens* 'Suffruticosa'	bis 0,5	IV–V	gelblich
Bartblume	*Caryopteris* × *clandonensis*	bis 1	IX–X	blau
Zierquitte	*Chaenomeles japonica*	bis 1	III–IV	ziegelrot
Zierquitte	*Chaenomeles*-Hybriden	bis 1,5	III–V	weiß bis rot
Zwergmispel	*Cotoneaster franchetii*	1–2	V–VI	weiß bis rosa
Deutzie	*Deutzia gracilis*	0,5–0,7	V–VI	weiß
Deutzie	*Deutzia* niedrige Sorten	bis 1,5	V–VI	weiß bis zartrosa
Johanniskraut	*Hypericum* 'Hidcote'	bis 1,5	VI–X	goldgelb
Johanniskraut	*Hypericum patulum* var. *henryi*	bis 1	VII–IX	dunkelgelb
Stechpalme	*Ilex crenata*	1–2	V–VI	weiß
Liguster, Rainweide	*Ligustrum vulgare* 'Lodense'	bis 0,7	VI–VII	weiß
Heckenkirsche	*Lonicera nitida* 'Elegant'	bis 1	V	rahmweiß
Heckenkirsche	*Lonicera xylosteum* 'Clavey's Dwarf'	1–1,5	V–VI	gelblichweiß

Ungeschnittene Hecken

Stand: ○ = volle Sonne, ◑ = Halbschatten, ● = Schatten

Stand	Bevorzugte Bodenart	Bemerkungen
○–●	mittel bis schwer	sommer-, winter- und immergrüne Arten, alle mehr oder minder stark bewehrt
○–●	leicht bis mittel	anspruchslos, bekannte Einfassungspflanze, immergrün
○	leicht bis mittel	Rückschnitt im Frühjahr nötig, dadurch stärkere Blüte, gute Sorte: 'Heavenly Blue'
○–◑	mittel bis schwer	kurzdorniger Strauch, aromatisch duftende, gelbe Früchte, eßbar
○–◑	mittel bis schwer	sehr viele Sorten im Handel, ausgezeichnete Treibgehölze, gelblichgrüne Früchte, eßbar
○–◑	mittel bis schwer	in geschützten Lagen wintergrün, sehr schöne, leuchtend orangerote Beeren bis in den Winter
○–◑	mittel bis schwer	anspruchslos, jedoch nicht zu trockener Boden, gelegentlicher Rückschnitt erforderlich
○–◑	mittel bis schwer	wie *Deutzia gracilis*
○–◑	mittel bis schwer	wintergrüner Strauch mit langer Blütezeit, gelegentlicher Rückschnitt erforderlich
○–◑	mittel bis schwer	in geschützten Lagen wintergrün, gelegentlicher Rückschnitt erforderlich
◑–●	mittel bis schwer	immergrüne, dichte Sträucher mit unscheinbaron Blüten, Früchte schwarz, viele Formen im Handel
○–●	leicht bis schwer	kaum Blüte und Frucht, Winterlaub bronzebraun, z. T. nicht abfallend
◑–●	mittel bis schwer	immergrüner, waagrecht geschichteter Strauch, raschwüchsig, geringe Blüte und Frucht, giftig
◑–●	leicht bis schwer	anspruchslos, salzverträglich, giftige rote Beeren, sehr dichter Wuchs

Ungeschnittene Hecken

Mahonie	*Mahonia aquifolium*	bis 1	IV–V	gelb
Pfeifenstrauch, Falscher Jasmin	*Philadelphus,* niedrige Sorten	1–2	V–VI	weiß
Fünffingerstrauch	*Potentilla fruticosa* aufrechte Sorten	bis 1,5	V–IX	gelb bis weiß
Lorbeerkirsche	*Prunus laurocerasus* 'Otto Luyken'	bis 1	V–VI VIII–IX	weiß
Alpenjohannis-beere	*Ribes alpinum* 'Compactum'	bis 1,5	IV–V	gelblich
Alpenjohannis-beere	*Ribes alpinum* 'Schmidt'	bis 1,5	IV–V	gelblich
Apfelrose, Kartoffelrose	*Rosa rugosa*	1–1,5	VI–X	rosarot
Zwergpurpur-weide	*Salix purpurea* 'Gracilis'	bis 2	III–IV	gelblich
Spierstrauch	*Spiraea albiflora*	0,4–0,6	VII–VIII	weiß
Spierstrauch	*Spiraea × arguta*	1–2	IV–V	weiß
Spierstrauch	*Spiraea × bumalda* 'Anthony Waterer'	bis 0,8	VII–IX	karminrot
Spierstrauch	*Spiraea × cinerea* 'Grefsheim'	bis 1,5	V	weiß
Spierstrauch	*Spiraea japonica* 'Little Princess'	bis 0,8	VI–VIII	lilarosa
Spierstrauch	*Spiraea thunbergii*	bis 1	IV–V	weiß

Ungeschnittene Hecken

○–●	leicht bis mittel	vielfach Typen mit Ausläuferbildung im Handel, immergrün, z. T. rötliches Winterlaub, Früchte verwertbar
○–◑	mittel bis schwer	zum größten Teil stark duftende Blüten, leicht Läusebefall, Auslichten alter Zweige nötig
○	leicht bis mittel	anspruchslose Kleingehölze für warme, trockene Standorte und Böden, gelegentliches Auslichten erforderlich
◑–●	mittel bis schwer	sehr reichblühende Art, dichter, kompakter Wuchs, immergrün, schwarze Beeren, giftig
◑–●	mittel bis schwer	sehr dichter Wuchs, kalkhaltige, nährstoffreiche Böden, früher Austrieb
◑–●	mittel bis schwer	anspruchslos, dichter, etwas übergeneigter Wuchs, z. Z. wohl bester Typ
○–◑	leicht bis mittel	stark stacheliger Strauch, große, flachkugelige Hagebutten, verwertbar, einigermaßen salzverträglich, einige Sorten im Handel
○–◑	leicht bis schwer	anspruchslose Weidenart mit dünnen, rötlichen Zweigen, sehr gute Bindeweide, gut salzresistent, gelegentlicher Rückschnitt erforderlich
○–◑	leicht bis mittel	anspruchsloser Kleinstrauch mit gelblichgrünem Laub, gelegentlicher Rückschnitt erforderlich
○–◑	leicht bis mittel	trockenheitsresistent, sehr frühblühend, Blüte mit unangenehmem Geruch
○–◑	leicht bis mittel	rötliche Herbstfärbung, Blätter im Sommer häufig weißbunt, gelegentlicher Rückschnitt erforderlich, weitere Sorten im Handel
○–◑	leicht bis schwer	anspruchslos, nicht verkahlend, sehr reiche Blüte, die unangenehm duftet
○–◑	leicht bis schwer	breit aufrechter Strauch, sehr reichblühend, gelegentlicher Rückschnitt erforderlich
○–◑	leicht bis schwer	sehr früh austreibend, hellgrüne Laubfarbe, die frühblühendste Spiraea, Auslichten alter Zweige nötig

Ungeschnittene Hecken

Kranzspiere	*Stephanandra incisa* 'Crispa'	0,5–0,8	VI	weiß
Schneebeere	*Symphoricarpos × chenaultii*	1,5–2	VI–VII	rosa
Schneebeere	*Symphoricarpos × doorenbosii* 'Mother of Pearl'	1,5–2	VI–VII	rosa
Korallenbeere	*Symphoricarpos orbiculatus*	1–2	VII–VIII	gelblichwei[ß]
Schneeball	*Viburnum carlesii*	1–1,5	IV–V	weiß bis rosa
Gemeiner Schneeball	*Viburnum opulus* 'Compactum'	bis 1	V–VI	weiß

Wehrhaften Schutz bieten Hecken aus Berberitzen; hier *Berberis thunbergii* in Herbstfärbung.

○–◑	mittel bis schwer	bogig wachsender, breiter Strauch mit braunroter Herbstfärbung, liebt frische Böden und hohe Luftfeuchte
○–●	leicht bis schwer	kugelige, rote Früchte mit weißen Punkten, gelegentlicher Rückschnitt erforderlich
○–●	leicht bis schwer	sehr große runde Beeren, perlenähnlich, weiß mit rosa Wange, gelegentlicher Rückschnitt erforderlich
○–●	leicht bis schwer	reizvoller Fruchtstrauch, anspruchslos, gelegentlicher Rückschnitt erforderlich
○–◑	mittel bis schwer	kugeliger Strauch, Blüten stark duftend, einige Sorten im Handel
○–◑	mittel bis schwer	sehr reichblühend und fruchtend, rote Herbstfärbung; nicht blühend aber ähnlich im Wuchs *Viburnum opulus* 'Nanum'

Auch Stauden wie die Flammenblume eignen sich für blühende Einfassungen.

Fruchttragende Hecken

Die meisten Zierapfelsorten schmücken sich mit leuchtendem Herbstlaub.

Fruchthecken

Die Fruchternte im eigenen Garten ist ein Erlebnis. In unserer, so stark durch Technik bestimmten Wohn- und Arbeitswelt reizt der Umgang mit den natürlichen Vorgängen des Wachsens, der Blüte und der Fruchtbildung in besonderem Maße. Spezielle Obstgehölze wie Äpfel und Birnen sind für fruchttragende Hecken nur bedingt geeignet. Bei diesen kann eine Ernte oft nur nach intensiven Pflanzenschutzmaßnahmen erwartet werden, weil diese Pflanzen eine hohe Anfälligkeit gegen Krankheiten und Schädlinge aufweisen. Zusätzlich erfüllen viele Obstgehölze wesentliche Schutzfunktionen von Hecken nicht, weil sie infolge von Schnittmaßnahmen zu wenig dicht werden. Für weitergehende Informationen ist das Buch: BLV Garten- und Blumenpraxis »Obstbaumschnitt« zu empfehlen.

Pflanzenauswahl

Für die Pflanzung von fruchttragenden Hecken sind deshalb vor allem solche Gehölze geeignet, die aufgrund ihres noch weitgehend erhaltenen Wildcharakters eine hohe Widerstandsfähigkeit gegen Krankheiten und Schädlinge aufweisen. Solche Gehölze bringen meist geringere Erntemengen; dafür besitzen die Früchte durchweg erheblich mehr Geschmack- und wertvolle Inhaltsstoffe und manche sind sogar

Besonders auffällige und wohlschmeckende Früchte liefert die Zierapfelsorte 'John Downie', die sich auch in Hecken zu kleinen Bäumen entwickeln kann.

heilkräftig. Der Pflanzplan 7 (S. 105) beinhaltet einen Pflanzvorschlag für eine solche fruchttragende Hecke. Vom Aufbau her entspricht sie einer freiwachsenden Hecke, die durch die verschiedenen Wuchsformen der Gehölze stark strukturiert ist, etwa wie das Beispiel des Pflanzplanes 4 (S. 46). Alle verwendeten Pflanzen tragen eßbare oder für den menschlichen Verzehr verarbeitungsfähige Früchte. Gleichzeitig ist zu erwarten, daß die Hecke durch den mehrschichtigen Aufbau die für Schutzfunktionen erforderliche Dichte erreicht. Auch auf zierendes,

vielgestaltiges Blattwerk im Sommer und Winter, auf die Herbstfärbung des Laubes und reichen Blütenflor muß nicht verzichtet werden. Die Früchte der Kornelkirsche können bereits im halbreifen Zustand geerntet werden. Eingelegt in Salzwasser mit Lorbeer und Fenchel haben sie einen Geschmack, der an Oliven erinnert. Reife Früchte können zu einem aromafrischen Süßmost mit hohem Vitamin-C-Gehalt verarbeitet werden. Für den direk-

Oben: Die Früchte des Sanddorns sind vitaminreich. Nur weibliche Pflanzen bringen Erträge; deshalb stets mehrere Exemplare verwenden!

Unten: Die eßbare Eberesche, *Sorbus aucuparia* 'Moravica' liefert besonders große und schmackhafte Früchte.

ten Verzehr kommen nur die schwarzroten, vollreifen Steinfrüchte in Frage. Die Herstellung von fiebersenkenden Mitteln aus den Früchten ist ebenfalls möglich. Die leuchtend gelben Früchte der Scheinquitte sind unverarbeitet für den Verzehr nicht geeignet, auch wenn sie sehr verführerisch aussehen. Die sehr wohlriechenden Früchte ergeben ein herbes Gelee. Besonders gut eignen sich die Früchte zur Verbesserung des Aromas von Gelee der echten Quitte. Spät im Jahr sind die echten Quitten reif. Auch sie können unverarbeitet nicht verwendet werden. Neben verschiedenen medizinischen Anwendungsmöglichkeiten werden die Früchte meist zu Gelee und Saft verarbeitet. Die goldgelben Quittenfrüchte haften bis nach dem Laubfall gut am Strauch und sind zu dieser Jahreszeit dann besonders zierend.

Der Schwarze Holunder muß im Verlauf der Beerenreife sorgfältig beobachtet werden, weil die Früchte auch bei den gefiederten Mitessern im Garten beliebt sind. Der Holunder kann sehr vielseitig genutzt werden. Schon die Blüten finden im Schmalzkuchen gebacken ihren Liebhaber und die Verarbeitung zu Saft, Süßmost und Mus, auch in Kombination mit anderen Früchten ist bekannt.

Die Beeren der eßbaren Eberesche verfärben sich bereits im August–September. Manchmal ist der

Der Traubenholunder, *Sambucus racemosa,* ist in Fruchthecken auch als schattenverträgliche Unterpflanzung zu verwenden.

Fruchtbehang so stark, daß es sogar zu Astbrüchen kommen kann. Die aromatischen säure- und vitaminhaltigen Früchte werden meist zu Saft, Gelee, Süßmost oder auch Dessertweinen verarbeitet. Vielfältig ist auch die Verwendung als Heilpflanze.

Die Mahonie liefert an Heidelbeeren erinnernde Beeren, die zu Saft, Most, Gelee oder Wein verarbeitet werden können. Da die Blätter wintergrün sind und die Pflanze auch im Schatten gedeiht, ist sie für unseren Zweck besonders wertvoll.

Die Beeren der Felsenmispel wer-

Neben verwertbaren Früchten bringt die Scheinquitte im zeitigen Frühjahr reichlich Blüten.

den gerne als Zusatz zu Marmeladen verwendet. Dies gilt auch für die des Feuerdorns.
Die Krautschicht wird bei unserem Pflanzvorschlag entweder mit der Walderdbeere oder der Monatserdbeere besiedelt. Diese fruchten auch noch im leichten Schatten. Mit zunehmenden Alter werden sie natürlich etwas zurückgedrängt und im tiefen Schatten setzen sie dann kaum Früchte an. Doch stört dies die Gesamtfunktion nicht.
Die Tabelle 12 (S. 106) enthält eine Zusammenstellung des notwendigen Pflanzgutes sowie eine Kostenschätzung für die ca. 25 m lange und 3 m breite fruchttragende Hecke des Pflanzvorschlages 7.
Weitere, geeignete Pflanzen für fruchttragende Hecken, die natürlich auch aus Gehölzen einer Art konzipiert werden können, enthält die Tabelle 13 (S. 108).

Pflanzung und Pflege

Die Pflanzvorbereitung und Pflanzarbeit der Fruchthecke wird in gleicher Weise durchgeführt wie unter Kapitel »Naturhecken« (S. 22–24) beschrieben wurde. Zur Erhaltung der Fruchtbarkeit sind allerdings hier etwas intensivere Schnittmaßnahmen erforderlich. Diese beziehen sich aber ausschließlich auf einen Auslichtungs- und Verjüngungsschnitt. Im Abstand von 2–3 Jahren werden dazu lediglich dort, wo die Sträucher sehr dicht geworden sind, einzelne ältere Triebe herausgenommen. Dadurch wird die Ausreifung und damit der Geschmack der Früchte verbessert. Geschnitten werden aber nur die Stachel- und Johannisbeeren, der schwarze Holunder und eventuell die Mahonien.
Alle genannten Gehölze sind gut regenerationsfähig, so daß dieser Auslichtungsschnitt sehr problemlos durchführbar ist. Die übrigen Pflanzenarten sollten weitgehend in ihrer natürlichen Entwicklung belassen werden.
In Abhängigkeit von der Bodenqualität sollte von Zeit zu Zeit mit ca. 50 g mineralischem oder 100 g organischem Volldünger nachgedüngt werden, wenn der Fruchtansatz nachläßt.
Die Wald- oder Monatserdbeeren sollten in diesem Zusammenhang nach einer vorausgegangenen Bodenlockerung neu aufgepflanzt werden.

Fruchttragende Hecken

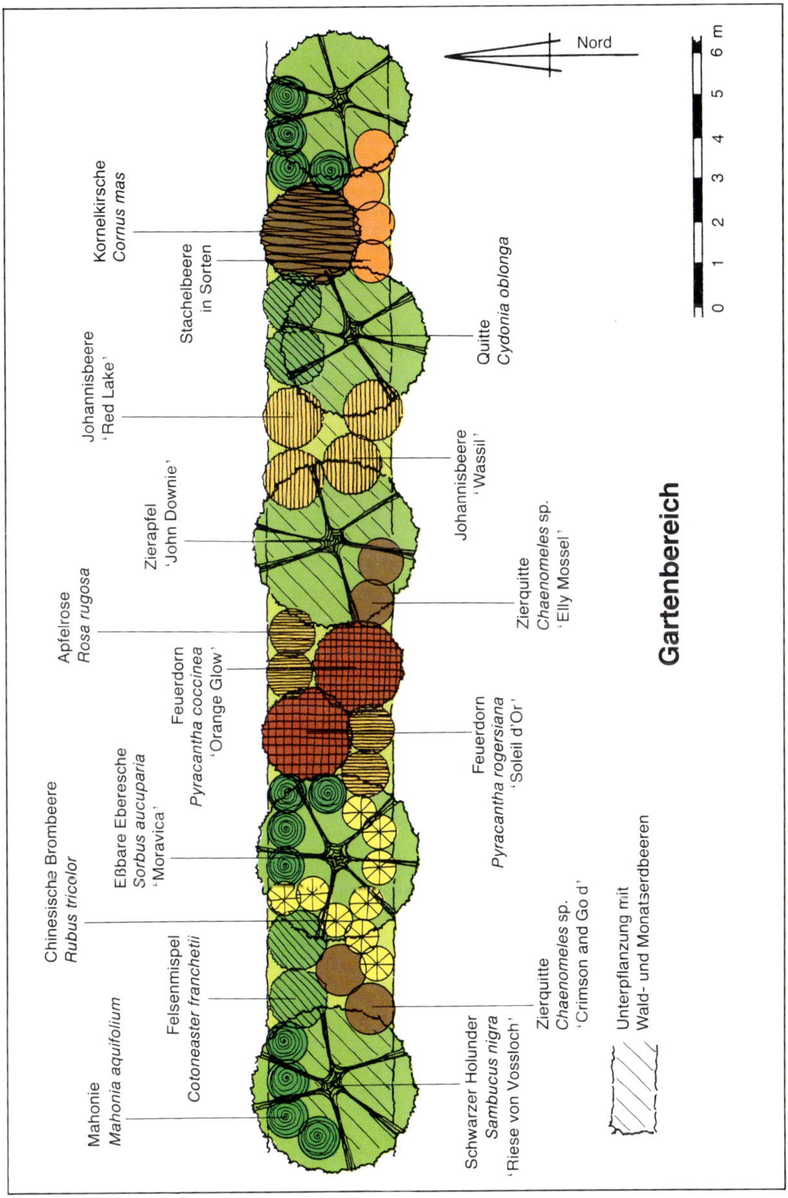

Fruchttragende Hecken

Tabelle 12 Pflanzenbedarf und Kosten – mehrschichtige Fruchthecke

Stück	Art	Qualität	Einzel- preis ca.	Gesamt- preis ca.
12	Mahonie *Mahonia aquifolium*	Sträucher 2 × verpflanzt mit Ballen 30–40 cm hoch	10,00	120,00
4	Felsenmispel *Cotoneaster franchetii*	Sträucher 2 × verpflanzt mit Ballen 60–80 cm hoch	12,00	48,00
1	Eßbare Eberesche *Sorbus aucuparia* 'Moravica'	Heister 2 × verpflanzt 250–300 cm hoch	31,00	31,00
4	Apfelrose *Rosa rugosa*	Sträucher 2 × verpflanzt 40–60 cm hoch	3,00	12,00
1	Feuerdorn *Pyracantha crenatoserrata* 'Orange Glow'	Strauch mit Topfballen 60–80 cm hoch	8,00	8,00
1	Feuerdorn *Pyracantha* 'Soleil d'Or'	Strauch mit Topfballen 60–80 cm hoch	8,00	8,00
1	Zierapfel 'John Downie'	Strauch 2 × verpflanzt 125–175 cm hoch	23,00	23,00
2	Johannisbeere 'Red Lake'	Sträucher 5–7 Triebe	5,50	11,00
4	Stachelbeere *Ribes uva-crispa* (2 St. Rote Triumphbeere, 2 St. Hönings Frühe)	Sträucher 5–7 Triebe	7,50	30,00
1	Schwarzer Holunder *Sambucus nigra* 'Riese v. Vossloch'	Strauch 2 × verpflanzt 100–150 cm hoch	10,00	10,00
1	Kornelkirsche *Cornus mas*	Strauch 2 × verpflanzt 60–80 cm hoch	9,00	9,00
2	Zierquitte *Chaenomeles sp.* 'Crimson and Gold'	Sträucher 2 × verpflanzt mit Ballen 40–60 cm hoch	17,00	34,00

9	Chinesische Brombeere *Rubus tricolor*	Sträucher 2 × verpflanzt Container 30–40 cm hoch	9,00	81,00
2	Zierquitte *Chaenomeles sp.* 'Elly Mossel'	Sträucher 2 × verpflanzt mit Ballen 40–60 cm hoch	17,00	34,00
2	Johannisbeere 'Wassil'	Sträucher 5–7 Triebe	5,50	11,00
2	Quitten *Cydonia oblonga* (1 St. 'Bereczki', 1 St. 'Riesenquitte von Lescovac')	Büsche	22,50	45,00
				Gesamtpreis ca. DM 515,00

Fruchttragende Hecken

Tabelle 13 Ansprüche und Eigenschaften von Gehölzen für fruchttragende Hecken

Pflanzenart Deutscher Name	Botanischer Name	Wuchshöhe in m	Blütezeit	Blütenfarbe
Felsenbirne	*Amelanchier*-Arten	3–8	IV –V	weiß
Apfelbeere	*Aronia*-Arten	2–4	V–VI	weiß
Eßkastanie, Marone	*Castanea sativa*	20–30	V–VI	grünlich- weiß
Zierquitte	*Chaenomeles* in Arten und Formen	1–2	IV–V	weiß bis rot
Kornelkirsche	*Cornus mas*	3–5	III–IV	gelb
Haselnuß	*Corylus avellana* und Sorten	3–5	II–III	gelb
Baumhasel	*Corylus colurna*	15–20	III–IV	gelb
Felsenmispel	*Cotoneaster*-Arten	1–4	VI	weiß
Weißdorn	*Crataegus*-Arten	3–6	V–VI	weiß bis rosa
Quitte	*Cydonia oblonga*	4–6	V–VI	weiß bis zartrosa
Ölweide	*Elaeagnus* *multiflorus*	2–3	V	gelb
Sanddorn	*Hippophae* *rhamnoides*	4–6	III–IV	gelblich- braun
Walnuß	*Juglans regia*	15–20	IV–V	grünlichgelb

Fruchttragende Hecken

tand: ○ = volle Sonne, ◑ = Halbschatten, ● = Schatten

Stand	Bevorzugte Bodenart	Bemerkungen
○–◑	mittel bis schwer	auffallende Blütensträucher mit roten bis blauschwarzen, verwertbaren Früchten, gute Herbstfärber
○–◑	mittel bis schwer	zum Teil ausläufertreibende Sträucher für frische bis feuchte Böden, rote bis schwarze Beeren, leuchtend rote Herbstfärbung
○	mittel bis schwer	langsam wüchsiger Baum, Früchte nur in Weinbaugebieten ausreifend, kalkfliehend
○–◑	mittel bis schwer	sehr viele Sorten im Handel, gelblichgrüne, aromatisch duftende Früchte
○–◑	leicht bis mittel	langsamer, sehr dichter Wuchs, Früchte erst bei Vollreife genießbar
○–●	leicht bis schwer	Sorten von unterschiedlichem Fruchtgeschmack und Größe im Handel, Bienenweide
○–◑	leicht bis mittel	schöner, kegelförmiger Baum, anspruchslos, Früchte in ballförmigen Büscheln, sehr dickschalig
○–●	leicht bis schwer	bei der Pflanzung auf unterschiedliche Formen achten, Beerenmark als Zugabe zu Marmeladenmischungen verwendbar
○–◑	leicht bis schwer	mehr oder weniger stark bewehrte Sträucher mit roten Früchten, zur Herstellung von Kompott, Gelee und Marmelade
○–◑	leicht bis mittel	bekannte Formen sind Apfel- und Birnquitte als Obstgehölz, sehr schöner Zierstrauch
○–◑	leicht bis mittel	stark duftender Blütenstrauch mit herben, braunroten Scheinbeeren
○	leicht bis mittel	stark Ausläufer bildend, nur weibliche Pflanzen tragen die leuchtend orangefarbenen Beeren
○	leicht bis schwer	nicht für spätfrostgefährdete Lagen, lieben tiefgründigen, nährstoffreichen Boden, als Sämlinge und Veredlungen im Handel

Fruchttragende Hecken

Mahonie	*Mahonia aquifolium*	bis 1	IV–V	gelb
Zieräpfel	*Malus* in Arten und Formen	2–8	V–VI	weiß bis rot
Mispel	*Mespilus germanica*	2–5	V–VI	weiß
Maulbeerbaum	*Morus alba*	10–15	V	gelblich
Maulbeerbaum	*Morus nigra*	7–10	V	gelblich
Vogelkirsche	*Prunus avium*	20–25	IV–V	weiß
Kirschpflaume	*Prunus cerasifera* in Sorten	4–8	III–IV	weiß bis rosa
Gewöhnliche Pflaume, Zwetsche	*Prunus domestica*	6–8	IV	weiß
Schlehe, Schwarzdorn	*Prunus spinosa*	2–4	IV–V	weiß
Filzkirsche, Koreakirsche	*Prunus tomentosa*	1,5–2	IV–V	weiß
Feuerdorn	*Pyracantha* in Arten und Sorten	2–4	V–VI	weiß
Gewöhnlicher Birnbaum	*Pyrus communis*	10–15	IV–V	weiß
Goldjohannisbeere	*Ribes aureum*	1,5–2	IV–V	gelb

Fruchttragende Hecken

○–●	leicht bis mittel	immergrüne, zum Teil Ausläufer treibende Sträucher, die blauen Beeren werden als Gelee und Kompott sowie zur Süßmostbereitung genutzt
○	mittel bis schwer	Sträucher und Kleinbäume mit auffallendem Blütenschmuck, Äpfel einiger Sorten verwertbar
○–◑	mittel bis schwer	breitwachsender Strauch mit ledrigem Laub, für warme, geschützte Lagen, braune Früchte erst nach Frosteinwirkung eßbar
○	leicht bis mittel	härtere Art, Fruchtfarbe weiß, rot bis schwarzrot, Laub wichtiges Seidenraupenfutter
○	leicht bis mittel	in Weinbaugebieten oft als Strauch oder Spalier gezogen, Früchte süß, tiefrot
○	leicht bis mittel	sehr raschwüchsiger Baum, starke Selbstaussaat, häufige Verwendung als Veredlungsunterlage, prachtvolle Herbstfärbung
○–◑	mittel bis schwer	Kleinbäume mit auffallend dunkelroten bis schwarzroten Blättern, purpurrote, eßbare Früchte, Fruchtfleisch nicht vom Stein lösend
○–◑	mittel bis schwer	seit alters in Kultur, viele Formen und Sorten im Handel (Obstsorten)
○	leicht bis schwer	bekanntes Vogelschutzgehölz mit Ausläufern, anspruchslos, Früchte erst nach Frosteinwirkung genießbar
○–◑	leicht bis mittel	dichtwüchsiger Kleinstrauch mit scharlachroten, kugeligen »Kirschen«, sauerkirschähnlicher Geschmack
◑–●	mittel bis schwer	immergrüne, bewehrte Sträucher, unterschiedliche Fruchtfarbe von gelb bis leuchtend rot, Früchte zu Marmeladenmischungen brauchbar
○	leicht bis schwer	breit kegelförmiger Baum mit dornigen Ästen, gelblichgrüne, herbsaure Birnchen
○–●	leicht bis schwer	duftende Blütentrauben, purpurbraune bis schwarze Beeren, Veredlungsunterlage

Fruchttragende Hecken

Schwarze Johannisbeere	*Ribes nigrum*	1,5–2	V	grünlich-weiß
Rote Johannisbeere	*Ribes silvestre*	1,5–2	V	grünlich bis rötlich
Stachelbeere	*Ribes uva-crispa*	bis 1	IV–V	grünlich
Wildrose	*Rosa* species	0,5–4	V–VII	weiß, rosa, rot
Brombeere	*Rubus fruticosus*	bis 2	VI–VII	weiß bis rosa
Duft-Himbeere	*Rubus odoratus*	1–2	VII–VIII	rosa
Japanische Weinbeere	*Rubus phoenicolasius*	2–3	VI–VII	hellrosa
Chinesische Brombeere	*Rubus tricolor*	bis 0,5	VII–VIII	weiß
Kanadischer Holunder	*Sambucus canadensis* 'Maxima'	3–5	VI–VII	cremeweiß
Schwarzer Holunder	*Sambucus nigra*	5–7	VI–VII	weiß
Traubenholunder	*Sambucus racemosa*	2–3	IV–V	gelblichgrün
Eberesche	*Sorbus* in Arten und Sorten	bis 20	V–VI	weiß

Fruchttragende Hecken

○–◑	leicht bis schwer	bekannter Fruchtstrauch mit schwarzen Beeren, stark aromatischer Geruch, viele Kultursorten im Handel
○–◑	leicht bis schwer	Urform der rot- und weißfrüchtigen Gartenjohannisbeersorten
○–◑	leicht bis schwer	Urform der im Handel befindlichen Stachelbeersorten (zweite Wildform *R. divaricatum*)
○–◑	leicht bis schwer	unterschiedlichste Arten und Formen im Handel, Hagebutten vielfältig verwertbar
○–●	leicht bis schwer	mehr oder minder bedornte Sträucher, zum Teil mit immergrünem Laub, einige Fruchtsorten im Handel
◑–●	leicht bis mittel	Ausläufer treibender Strauch mit großen, duftenden Blüten, rote Früchte, vorzüglich unter Bäumen gedeihend
◑–●	mittel bis schwer	anspruchsloser Strauch mit dichtbehaarten Trieben, Früchte orangerot, säuerlich süß, Ausläufer treibend
◑–●	mittel bis schwer	Zwergstrauch, flach auf dem Boden aufliegend, Ausläufer treibend, kugelige, hellrote Früchte, an geschützten Stellen als Flächenbegrünung
○–●	mittel bis schwer	riesenblütiger Holunder mit dunkelroten, dicken Früchten, Ausläufer treibend, nur für große Gärten, Frucht vielseitig verwendbar
○–●	leicht bis schwer	stark duftende Blüten in Doldentrauben, Früchte schwarz, glänzend, altbekannte Heilpflanze
○–●	leicht bis schwer	sehr früher Austrieb, Blüten in langen Rispen, leuchtend rote Früchte, kalkfliehend, für Unterpflanzung geeignet
○	leicht bis schwer	sehr viele Arten und Sorten im Handel, für den Garten sollten großfrüchtige und wohlschmeckende Sorten bevorzugt werden (S. aucuparia 'Moravica' und 'Rosina')

Schallschutzhecken

Der Weißdorn paßt in eine Schallschutzhecke.

Schallschutz durch Hecken

In zunehmendem Maße werden Wohngebiete und damit auch Haus und Garten durch Lärm beeinflußt. Viele Lärmquellen entstehen erst nachträglich, so daß von baulichen Einrichtungen mit Lärmschutzwirkung nur bedingt Gebrauch gemacht werden kann.
Bäume und Sträucher können grundsätzlich alle zur Minderung des Lärms beitragen. Vorteile bieten jedoch solche Arten mit relativ großen Blättern, die möglichst senkrecht zur Schallquelle hin, schuppenförmig übereinander angeordnet sind. Günstig sind auch Gehölze, die im Inneren des Strauches bzw. Baumes eine hohe Laubdichte aufweisen und im Winter das Laub lange halten.
Grundsätzlich ist die Pflanzung so aufzubauen, daß sie von unten her nicht verkahlt. Zur Lärmquelle hin sollte der Laubschirm fächerförmig übereinandergreifen.
Öffnungen im Wuchsraum mindern die Schallschutzwirkung. Bei der Pflege sollte deshalb jeder unnötige Eingriff vermieden werden, um die schirmförmige Anordnung der Laubfläche nicht zu zerstören.
Bei beginnender Verkahlung muß durch gelegentliches Verjüngen die Dichte des Laubschirmes gefördert werden. Ein mehrschichtiger Aufbau (Schema 1, S. 9) entspricht den genannten Anforderungen.

Der Wollige Schneeball, *Viburnum lantana,* ist aufgrund seiner Wuchseigenschaften für die Lärmminderung besonders leistungsfähig.

Lärmminderungsvermögen von Gehölzen

Gehölze mit der Fähigkeit, den Lärm wesentlich zu mindern (Lärmminderungsvermögen von ca. 5 bis 10 dB) wurden in dem Pflanzplan 8 (S. 110) als Pflanzvorschlag zusammengestellt. Wie man sieht, ähnelt diese Pflanzengemeinschaft in gewisser Weise den freiwachsenden, landschaftsorientierten Hecken. Außer Flieder, Runzelschneeball und dem pflaumenblättrigen Weißdorn sind alle verwendeten Gehölze der heimischen Flora zuzuordnen und deshalb sehr anspruchslos.

Schallschutzhecken

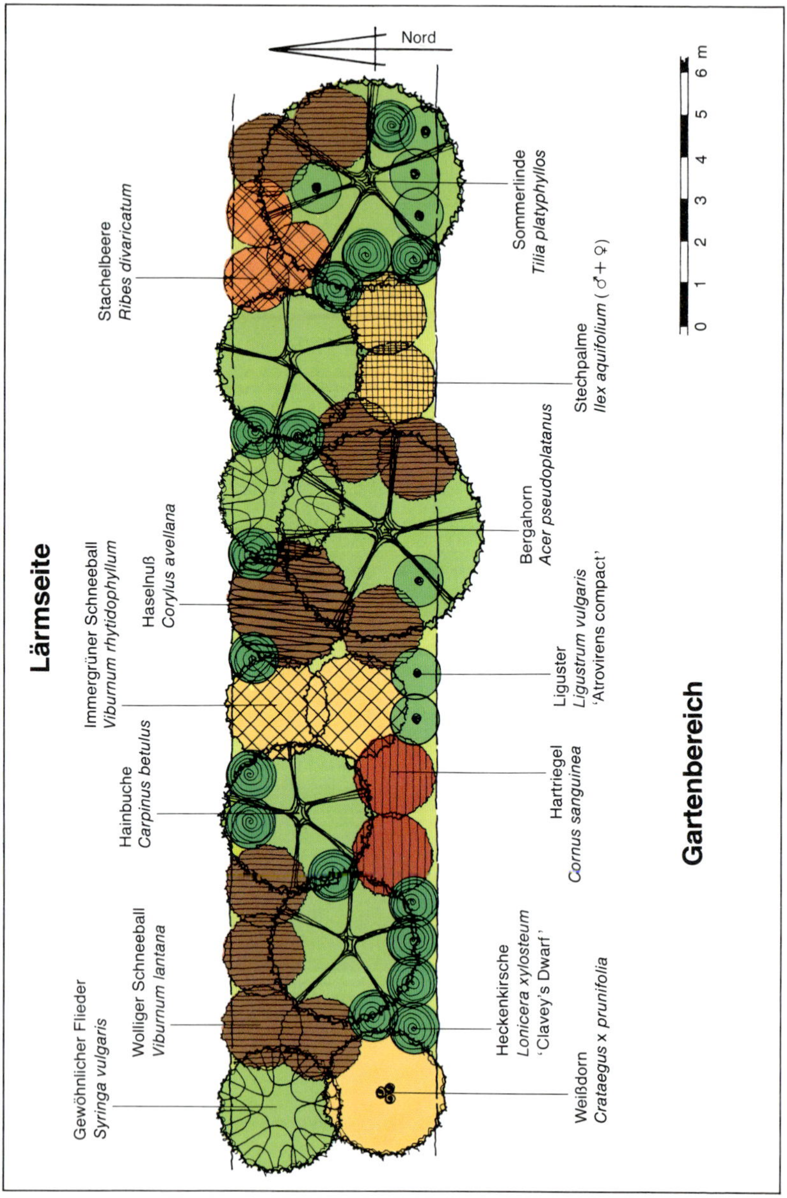

Tabelle 14 Pflanzenbedarf und Kosten – mehrschichtige Schallschutzhecke

Stück	Art	Qualität	Einzel-preis ca.	Gesamt-preis ca.
2	Flieder *Syringa vulgaris*	Sträucher 2 × verpflanzt 60–100 cm hoch	7,00	14,00
9	Wolliger Schneeball *Viburnum lantana*	Sträucher 2 × verpflanzt 60–100 cm hoch	9,00	81,00
3	Hainbuche *Carpinus betulus*	Heckenpflanze 2 × verpflanzt mit Ballen 175–200 cm hoch	43,00	129,00
2	Immergrüner Schneeball *Viburnum rhytidophyllum*	Sträucher 2 × verpflanzt mit Ballen 80–100 cm hoch	43,00	86,00
1	Haselnuß *Corylus avellana*	Strauch 2 × verpflanzt 60–100 cm hoch	8,00	8,00
3	Stachelbeere *Ribes divaricatum*	Sträucher 2 × verpflanzt 60–100 cm hoch	6,00	18,00
1	Weißdorn *Crataegus × prunifolia*	Strauch 2 × verpflanzt 60–100 cm hoch	11,00	11,00
16	Heckenkirsche *Lonicera xylosteum* 'Clavey's Dwarf'	Sträucher 2 × verpflanzt 40–60 cm hoch	9,00	144,00
2	Hartriegel *Cornus sanguinea*	Sträucher 2 × verpflanzt 60–100 cm hoch	6,00	12,00
7	Liguster *Ligustrum vulgare* 'Atrovirens Compact'	Sträucher 2 × verpflanzt 5–7 Triebe 60–100 cm hoch	5,00	35,00
1	Bergahorn *Acer pseudoplatanus*	Heister 2 × verpflanzt 250–300 cm hoch	21,00	21,00
2	Stechpalme *Ilex aquifolium*	Sträucher 2 × verpflanzt mit Ballen 80–100 cm hoch	66,00	132,00
1	Sommerlinde *Tilia platyphyllos*	Heister 2 × verpflanzt 250–300 cm hoch	31,00	31,00
			Gesamtpreis ca.	DM 722,00

Schallschutzhecken

Die Pflanzung dürfte etwa eine Höhe von durchschnittlich 8–10 m erreichen, wobei die beiden baumartigen Gehölze Ahorn und Linde nach Erreichen dieser Höhe gelegentlich zurückzustocken sind, da es für die Schallminderung ungünstig ist, wenn einzelne Bäume aus der Hecke wesentlich herausragen. Man kann auch auf Ahorn und Linde verzichten, wenn eine Wuchshöhe von 3–4 m nicht überschritten werden soll. Allerdings ist die Schalldämmung gerade dieser Baumarten besonders groß. Im Pflanzbeispiel könnten statt der Bäume Haselnuß, Weißdorn oder Schneeball gepflanzt werden.

Bei sehr hoher Lärmbelästigung wird die vorgestellte Pflanzung allein keine ausreichende Schutzmaßnahme darstellen. Im günstigsten Falle ist sie in der Lage, die Lautheit des Lärms auf die Hälfte zu vermindern. Es muß deshalb im Einzelfall überlegt werden, ob die Möglichkeit besteht, diese Pflanzung auf einen Erdwall anzusiedeln. In diesem Fall wäre die Anzahl der Pflanzen etwa um 10–20% zu erhöhen, weil durch die wallartige Überhöhung die Oberfläche der Pflanzfläche vergrößert wird. Bei einer Wallbreite von 5 m ist etwa eine Erdaufschüttung von ca. 1,5 m Höhe möglich. Denkbar ist auch, im Inneren der Pflanzung ein Schallschutzgitter aus Holz einzubringen, das vor allem in der Zeit der Entwicklung der Pflanzen einen sofortigen Schallschutz bietet. Je nach Größe des beschafften Pflanzgutes muß man sonst einige Jahre warten, bis die Pflanzung tatsächlich lärmhemmend wirkt.

Oft reicht der Platz für eine mehrschichtige Hecke, wie sie hier vorgeschlagen wurde, nicht aus. In diesem Fall könnte auch an eine geschnittene Hecke gedacht werden. Von der Struktur her dürfte die Schallschutzwirkung einer Hainbuchenhecke günstig einzuschätzen sein.

Ungeschnittene Hecken bieten sich ebenfalls an. Haselnuß, Flieder, pflaumenblättriger Weißdorn und runzelblättriger Schneeball sind dafür gut geeignet. Allerdings muß hier auch schon mit einer Breite der Hecke von 2–3 m gerechnet werden.

Pflanzung und Pflege

Für die im Pflanzplan 8 vorgeschlagene Schallschutzhecke von ca. 5 m Breite und 25 m Länge sind die erforderlichen Gehölze als Bestellliste gemäß Tabelle 14 (S. 117) aufgeführt. Für die Pflanzung gelten sinngemäß die Anmerkungen im Kapitel »Naturhecken« (S. 22–24). Spezielle Maßnahmen für die Entwicklung der Schallschutzhecke sind vor allem in der Entwicklungszeit sinnvoll. Zur Erzielung eines möglichst dichten Wuchsraumes der verwendeten Pflanzen sollten die ersten 2–3 Jahre jeweils die Seitentriebe, aber auch die Mitteltriebe der Gehölze im Frühjahr vor

Der Runzelblättrige Schneeball, *Viburnum rhytidophyllum,* erfüllt viele Forderungen, die an Schallschutzgehölze gestellt werden: Großes, fächerartig übereinandergreifendes Laub, Blattanordnung senkrecht zur Lärmquelle, dichte Struktur bis zum Boden, möglichst große Einzelblätter, die sich auch im Winter an der Pflanze befinden.

dem Austrieb um die Hälfte eingekürzt werden. Dies gilt für alle verwendeten Arten außer bei dem runzelblättrigen Schneeball und der Stechpalme. Diese entwickeln sich auch ohne Schnitt sehr dicht. Bei der ohnehin geringen Wuchsgeschwindigkeit sollte man den Zuwachs daher nicht einkürzen.

Durch den Formierungsschnitt werden die Pflanzen von innen heraus sehr viel mehr Seitenäste bilden und dadurch gegenüber dem natürlichen Wuchs eine stärkere Verzweigung aufweisen. Allerdings muß dann bis zum Erreichen einer geschlossenen Hecke etwas mehr Geduld aufgebracht werden.

Rankwände

Eine Sonderform der Hecke sind freistehende Rankwände. Dazu werden Rankhilfen aus Stein, Metall oder Holz mit geeigneten Schlinggehölzen begrünt.
Der Vorteil dieser Kombination aus technischen Hilfsmitteln und Pflanzen liegt insbesondere im geringen Platzbedarf, wobei gleichzeitig sehr große Heckenhöhen möglich sind. Nach der Herstellung der Rankhilfen sind nur noch unwesentliche Pflegearbeiten, vor allem kein regelmäßiger Flächenschnitt notwendig. Auch Blüten, Früchte und Herbstlaub sind von solchen Pflanzungen durchaus zu erwarten, wenngleich sie diesbezüglich natürlich nicht mit mehrschichtigen oder geschnittenen Hecken in jedem Falle konkurrieren können.
Mit einigen Randpfählen und daran gespannten Drähten im Abstand von ca. 50 cm läßt sich rasch und preiswert ein sehr leichtes, wenig auffälliges Rankgerüst herstellen, das nach einigen Jahren vollständig unter den Pflanzen verschwindet. Vor allem zur Abgrenzung von Gartenteilen z. B. Wohngarten vom Gemüsegarten; Sichtschutz an Terrassen und auch als Grenzhecke bietet sich diese Lösung an. Auch ein vorhandener Maschendrahtzaun kann auf diese Weise in eine Rankhecke umgewandelt werden.

Die starkwüchsige Gold-Waldrebe kann sogar sehr hohe Zäune vollständig überziehen. Die wolligen Früchte zieren auch noch im Spätherbst.

◁ Eine Rankhecke aus *Lonicera.*

Für niedrige Rankhecken bis zu einer Höhe von etwa 1,50–2,00 m ist die Alpenwaldrebe besonders geeignet. Im Frühling ist diese Wildart übersät mit blauen Blütchen.

Pflanzenauswahl

Es gibt viele Schlinggehölze, die für diesen Zweck geeignet sind. Dazu gehören vor allem stark wachsende Arten wie Blauregen *(Wisteria sinensis)*, das immergrüne Geißblatt *(Lonicera henryi)* und Wilder Wein (*Parthenocissus quinquefolia* 'Engelmannii'; *P. tricuspidata* 'Veitchii'). Besonders reizvolle Rankhecken können mit den Wildarten der Waldreben gestaltet werden. Zwar sind diese nur sommergrün, aber bezüglich Blütenfülle und durch die meist den ganzen Winter haftenden Fruchtstände wird dieser Nachteil mehr als ausgeglichen. Für sonnige bis halbschattige Standorte können dafür die bis ca. 4 m hoch werdenden Gold-Waldrebe *(Clematis tangutica)* und die rote Bergrebe (*Clematis montana* 'Rubens') verwendet werden.

Erheblich niedriger, etwa für Wände mit Höhen bis ca. 2 m geeignet, bleiben die blaue Alpen-Waldrebe *(Clematis alpina)* und ihre Sorten. Ebenfalls bewährt hat sich die etwas stärkere, Italienische Waldrebe *(Clematis viticella)* mit rosavioletten Blüten.

Die meisten großblumigen Gartensorten sind für Rankzäune nicht geeignet, da sie zu wenig dichtes Zweigwerk ausbilden. Sie sind besser bei der Begrünung von Wänden an geschützten Standorten zu verwenden.

Nahezu undurchdringlich werden Rankhecken aus Brombeeren; besonders wertvoll sind hierbei immergrüne Sorten z. B. 'Thornless Evergreen', die aber für einen etwas windgeschützten Standort dankbar sind.

Efeu *(Hedera helix)* berankt nicht nur Mauern. An absonnigen Stellen mit frischem Boden kann er auch an Drähten hochwachsen und sehr dichte, immergrüne Rankhecken bilden. Allerdings muß man schon einige Jahre Geduld haben, bis er eine Höhe von ca. 1,5–2 m erreicht. Besonders wuchsfreudig und deshalb manchmal lästig werdend, ist der weiße Knöterich *(Polygonum aubertii).* Wenn es darum geht, möglichst rasch eine zumindest im Sommer sehr dichte und hohe Rankhecke zu bilden, ist diese Pflanze sicher sehr wertvoll. Eine Breite von ca. 1 m muß man für diese Wand aber schon vorsehen, wobei er nährstoffreiche Böden in sonniger Lage bevorzugt.

Anlage und Pflege

Bei starkwüchsigen Arten genügt es, im Abstand von ca. 2–3 m eine Pflanze zu verwenden. Bei den schwachen Arten sind etwa 1–1,5 m Pflanzabstand einzuhalten. In den ersten Jahren ist es notwendig, die Triebe der Schlinger an den Rankgerüsten anzuheften. Auch selbstrankende Arten sind dafür dankbar. Vor allem muß man versuchen, auch im unteren Bereich der Hecke waagrechte Triebe zu ziehen. Es entstehen sonst gerne Lücken, weil die Pflanzen zunächst vorwiegend nach oben wachsen.

Geschnitten wird nur, wenn sich die Ranker gar zu wild gebärden. So kann gelegentlich der Knöterich, die Gold-Waldrebe oder auch der Blauregen einen Rückschnitt vertragen. Dieser sollte dann im Frühjahr durchgeführt werden. Die Regeneration gestaltet sich problemlos, da diese Arten gut Neutriebe bilden.

Rankhecken aus Brombeeren blühen ansprechend und liefern schmackhafte Früchte. Einige Sorten sind wintergrün. Allerdings muß man ihnen viel Platz im Garten zur Verfügung stellen.

Bezugsquellen

Pflanzen für Hecken werden vorzugsweise von Qualitätsbaumschulen angeboten. Die Geschäftsstellen des Bundes deutscher Baumschulen in den jeweiligen Bundesländern nennen gerne entsprechende Lieferfirmen.

Landesverband Baden
Alte Hohl 7, 6908 Baiertal
Telefon: 06222/53434

Landesverband Bayern
Bahnhofstr. 11–13, 8836 Ellingen
Telefon: 09141/4095

Landesverband Berlin
Lettberger Str. 95, 1000 Berlin 47 – Rudow
Telefon: 030/6635041

Landesverband Hamburg
Kanzleistr. 48, 2000 Hamburg 52
Telefon: 040/8228080

Landesverband Hannover
Wiedinger Str. 12, 3040 Soltau
Telefon: 05191/3450

Landesverband Hessen
An der Festeburg 31,
6000 Frankfurt a. M.
Telefon: 069/471020

Landesverband Rheinland
Postfach 680288, 5000 Köln-Riehl
Telefon: 0221/762008

Landesverband Rheinland-Pfalz/Saar
Burgenlandstr. 7, 6550 Bad Kreuznach
Telefon: 0671/66956

Landesverband Schleswig-Holstein
Bismarckstr. 49, 2080 Pinneberg
Telefon: 04101/28015

Landesverband Weser-Ems
Etzhorner Weg 73, 2900 Oldenburg
Telefon: 0441/301805

Landesverband Westfalen-Lippe
Altes Feld, 5760 Arnsberg 2
Telefon: 02931/3201

Landesverband Württemberg
Neue Weinsteige 160, 7000 Stuttgart 1
Telefon: 0711/643046

◁ Rankhecke aus *Clematis.*

Register

Deutsche Namen

Register

Botanische Namen

Weiterführende Literatur zum Thema

BLV Gartenberater

Michael Lohmann

Öko-Gärten als Lebensraum

Grundlagen und praktische Anleitungen für einen Naturgarten:
ökologische Zusammenhänge, einzelne Gartenbereiche, Pflanzen und Tiere.

176 Seiten, 99 Farbfotos, 16 s/w-Fotos, 39 Zeichnungen

BLV Garten- und Blumenpraxis 328

Helga Briemle

Naturnahe Gärten

Gestaltungsvorschläge und Praxisbeispiele für Naturgärten:
Boden, Lebensräume, Pflanzen und Tiere, harmonische Pflanzungen, Pflege.

127 Seiten, 112 Farbfotos, 22 Zeichnungen

BLV Garten- und Blumenpraxis 305

Otto Hahn

Ziergehölze

Laub- und Nadelgehölze einschließlich kletternder Gehölze:
Herkunft, Merkmale, Standortansprüche, Verwendung.

2. Auflage, 127 Seiten, 118 Farbfotos, 1 Zeichnung

In unserem Verlagsprogramm finden Sie Bücher zu folgenden Sachgebieten:

Garten und Zimmerpflanzen · Natur · Haus- und Heimtiere · Angeln, Jagd, Waffen · Sport und Fitness · Pferde und Reiten · Wandern und Alpinismus · Auto und Motorrad · Essen und Trinken, Gesundheit · Basteln, Handarbeiten, Werken.

Wünschen Sie Informationen, so schreiben Sie bitte an:
BLV Verlagsgesellschaft mbH, Postfach 40 03 20, 8000 München 40.

BLV Verlagsgesellschaft München

BLV Garten- und Blumenpraxis

301 Gartenblumen
302 Gartenarbeit richtig gemacht
303 Kakteen und andere Sukkulenten
304 Bonsai
305 Ziergehölze
306 Obstbaumschnitt
307 Obstanbau im eigenen Garten
308 1×1 der Hydrokultur
309 Blattpflanzen für jede Wohnung
310 Gartengestaltung
311 Gemüseanbau im eigenen Garten
312 Gestalten mit Blüten und Blumen
313 Steingärten
314 Der gesunde Gartenboden
315 Biologischer Pflanzenschutz
316 Balkon- und Terrassengärten
317 Rosen
318 1×1 des Bio-Gärtnerns
319 Der Garten in den Jahreszeiten
320 Der naturgemäße Kräutergarten
321 Der Heidegarten
322 Gärtnern mit Kindern
323 Orchideen für zu Hause
324 Wassergärten
325 Rasen, Wiese, Bodendecker
326 Beerenobst für jeden Garten
327 Gärtnern im Kleingewächshaus
328 Naturnahe Gärten
329 Blumenbeete und Rabatten richtig gestalten
330 Mischkulturen für Flach- und Hügelbeete
331 Kletterpflanzen
332 Die schönsten Kübelpflanzen
333 Hecken für jeden Garten
334 Der Kleingarten
335 Nützlinge und Schädlinge im Garten
337 Der liebe Nachbar